隨緣 不是沒有原則

羅金 著

目錄

第三章
機緣——迷中不執著，悟中有受用

第四章
善緣——心地清淨方為道，退步原來是向前

目錄

第五章 喜緣——以歡喜的心想歡喜的事

第六章 財緣——貧窮和富裕，是在心上安立的緣

第七章 福緣——最大的福氣是清福

第八章 情緣——看破情關，聚散總是緣

目錄

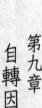

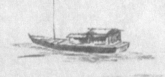

前言 隨緣的智慧

何為隨？

隨不是跟隨，是順其自然，不怨恨，不躁進，不過度，不強求；隨不是隨便，是把握機緣，不悲觀，不刻板，不慌亂，不忘形；隨是一種達觀，是一種灑脫，是一份人生的成熟，一份人情的練達。

何為緣？

世間萬事萬物皆有相遇、相隨、相樂的可能性。有可能即有緣，無可能即無緣。緣，無處不有，無時不在。你、我、他都在緣的網路之中。常言說，「有緣千里來相會，無緣對面不相識」。萬里之外，異國他鄉，陌生人對你哪怕是相視一笑，這便是緣；也有的雖心儀已久，卻相會無期。緣，有聚有散，有始有終。有人悲嘆：「天下沒有不散的筵席。既然要散，又何必聚？」緣是一種存在，是一個過程。

何爲隨緣？

「隨緣」，常常被一些人理解爲不需要有所作爲，聽天由命，由此也成爲逃避問題和困難的理由。殊不知，隨緣不是放棄追求，而是讓人以豁達的心態去面對生活；

隨緣是一種智慧，可以讓人在狂熱的環境中，依然擁有恬靜的心態，冷靜的頭腦；

隨緣是一種修養，是飽經人世的滄桑，是閱盡人情的經驗，是透支人生的頓悟。

隨緣不是沒有原則、沒有立場，更不是隨便馬虎。「緣」需要很多條件才能成立，若能隨順因緣而不違背真理，這才叫「隨緣」。

人們獲得緣不是靠奮鬥和創造，而是用本能的智慧去領悟和判斷。

生活中，常常有人會有這樣的感慨和迷惑：「爲什麼有的人不喜歡我？」「爲什麼有的人不理解我？」若從隨緣的角度看，喜歡不需要任何理由，不喜歡也不需要任何理由；理解不需要任何理由，不理解也不需要任何理由。緣分就是緣分，不需要任何理由。

隨緣不變，則是不違背真理。莊子妻死，他知道生死如春夏秋冬四季的變化運行，既不能改變，也不可抗拒，所以他能「順天安命，鼓盆而歌」；陸賈《新語》云：「不違天時，不奪物性。」明白了人生都是因緣和合，緣聚則成，緣滅則散，才能在遷流變化的無常中，安身立命，隨遇而安。生活中，如果能在原則下恪守不變，在細節處隨緣行道，自然能隨心自在而不失正道。

大千世界芸芸眾生，可謂是有事必有緣，如喜緣，福緣，人緣，財緣，機緣，善緣……萬事隨緣，隨順自然，這不僅是禪者的態度，更是我們快樂人生所需要的一種精神。

隨緣是一種平和的生存態度，也是一種生存的禪境。「寵辱不驚，閒看庭前花開花落；去留無意，漫隨天外雲卷雲舒」。放得下寵辱，那便是安詳自在。吃飯時吃飯，睡覺時睡覺。凡事不妄求於前，不追念於後，從容平淡，自然達觀，隨心，隨情，隨理，便識得有事隨緣皆有禪味。

佛家多講隨緣，有「隨緣不變，不變隨緣」、「隨緣，莫攀緣」等說法。「隨緣」不是隨便行事、因循苟且，而是隨順當前環境因緣，從善如流；「不變」不是墨守成規、冥頑不化，而是要擇善固守。隨緣不變，則是不模糊立場，不喪失原則。在世間做人，要通情達理、圓融做事，這樣才能夠達到事理相融。

隨緣，是一種胸懷，是一種成熟，是對自我內心的一種自信和把握。讀懂隨緣的人，總能在風雲變幻、艱難坎坷的生活中，收放自如、遊刃有餘；總能在逆境中，找尋到前行的方向，保持坦然愉快的心情。靜心體悟，日久功深，你便會識得自己放下諸緣後的本來面目——活潑潑的，清靜無染的菩提覺性。

「有緣即住無緣去，一任清風送白雲。」人生有所求，求而得之，我之所喜；求而不得，我亦無憂。若如此，人生哪裡還會有什麼煩惱可言？苦樂隨緣，得失隨緣，以「入世」的態度去耕耘，以「出世」的態度去收穫，這就是隨緣人生的最高境界。

第一章

有緣即住無緣去，一任清風送白雲

隨遇而安，是一種境界

榮辱紛紛滿眼前，不如安分且隨緣，身貧少慮為清福，名重山丘長業冤，淡飯盡堪充一飽，錦衣哪得幾千年？世間最大唯生死，白玉黃金盡枉然。——傳喜法師

人生中種種差別其實都是正常的，而面對同樣的境遇，有的人憤憤不平，有的人卻能隨遇而安，皆源於境由心生。人間的冷暖，世態的炎涼，都是由我們的心態造成的。

弘一法師出生在富貴之家，在青年時代有過歌舞昇平的奢華日子。出家之後，日子過得極其清苦。

有一天，夏丏尊和弘一法師在一起吃飯時，有一道菜太鹹了。弘一法師沒有表現出任何異樣，夏先生卻忍不住地說：「難道你不嫌這菜太鹹嗎？」

弘一法師回答說：「鹹有鹹的味道！」

吃完飯後，弘一法師手裡端著一杯開水，夏先生問：「沒有茶葉嗎？怎麼每天都喝這無味的白水？」

弘一法師又笑了笑說：「白水雖淡，但淡也有淡的味道！」

《菜根譚》裡有一句話：「我貴而人奉之，奉此峨冠大帶也；我賤而人侮之，侮此布衣草履也。然則原非奉我，我胡為喜；原非侮我，我何為怒？」

可見，一個人貧也好，富也好，高也罷，低也罷，都不會是一成不變的，重要的是要有一顆隨遇而安的心。

東漢末年，社會動盪，步騭因避難逃到江東。那時他父母雙亡，窮困潦倒，後來遇到和他同年的衛旌，兩人結成朋友，並一起以種瓜為生。他倆白天在瓜田裡忙碌，夜間則研讀經傳典籍，他們把眼下的情形當作暫時的境遇而已。

會稽郡有個姓焦的豪門大族，為人放縱，欺壓鄉里，由於他曾經做過征羌縣縣令，所以人稱焦征羌。步騭與好友衛旌避亂於此，怕受其害，不得不到他那裡去拜訪一下。

當時焦征羌正在屋裡睡覺，等了好長時間，也不見他出來，衛旌有些生氣，就打算離去。步騭勸他說：「我們來的目的就是因為害怕他勢力強大，現在如果捨棄而去，恐怕只會結下冤仇，豈不與我們的目的背道而馳。」

又過了好長時間，焦征羌才打開窗戶接見他們，身子斜靠著茶几，在地上擺了兩個坐席，讓他們兩個坐在窗外。衛旌覺得更加恥辱，而步騭卻神態自若毫不在乎。

焦征羌吃飯時，在桌上擺滿了山珍海味，而給他們兩個吃的卻只是一小盤飯和蔬菜而已，衛旌吃不下去，步騭卻大口大口地吃飯，直到吃飽了才辭別出來。

出了焦府大門，衛旌對步騭生氣地說：「你怎麼能忍受這樣的怠慢？」

步騭笑著說：「貧賤與富貴的時候，都應該隨遇而安。我們現在如此貧賤，他以貧賤對待咱們，這有什麼羞恥可說呢？」

後來步騭得到孫權的賞識，做官一直做到丞相。富貴之後的步騭依然保持一顆平常心，絲毫沒有改變自己儉樸的生活方式，教誨子弟手不釋卷，他的穿衣打扮就和一個普通的儒生一樣，做人處世從未有盛氣凌人的姿態。

隨遇而安並不是消極地等待，也並非是聽從命運的擺佈，更正確地說，隨遇而安是尋求生命的平衡。誰能達到這種境界，誰的生活就能美好，誰的生命就有品質，就能活得自在。

俗語說：「不如意事常八九。」我們的一生很少有幾次真正感到自己的生活一帆風順、海闊天空，就應該承認人生際遇不是個人力量所能左右的！而在詭譎多變、世事無常的環境中，唯一能使我們不覺其拂逆的辦法，就是使自己「隨遇而安」——改變能改變的，接受不能改變的。

2 急功近利，反而適得其反

意粗，性躁，一事無成；心平，氣和，千祥駢集。——弘一法師

渴望成功的心態誰都能理解，但是你要明白，成就一番事業並不容易，不要一開始就盯著成功不放，做事若急於求成，就會像饑餓的人一看到食物，便狼吞虎嚥地吞食，反而會引起消化不良。

虛塵禪師以佛法度眾，為人謙厚，深得民眾擁戴，他每每開壇講法，都有許多聽者。

有一天，一位小商人向虛塵禪師發火：「我聽了你的弘法後，誠信經營，薄利多銷，顧客雖然在逐漸增多，但為什麼我的收入還是不能增加呢？」

禪師不急不躁，他微笑地對這位商人說：「有一棵蘋果樹，它接受了陽光、雨露、養料，春天花開，夏天結果，秋天成熟。成熟的時候，並非所有的蘋果都會同時成熟。有些蘋果早已熟透了，而有些蘋果依舊青青待熟，並非它不會成熟，只是時間還沒有到而已。」

商人醒悟過來，他明白要想有大成就要慢慢積累。向禪師道歉後，他離開

了寺院。

一年後，虛塵禪師收到這位商人的一個大紅包。他在信中說自己的生意非常紅火，以致沒有時間親自到寺院致謝，只好托人送禮以表謝意。

太想贏的人，最後往往很難贏；太想成功的人，往往很難成功；太想達到目標的人，往往不容易達到目標。過於注意就是盲，欲速則不達，凡事切不可急於求成。相反，以淡定的心態對之，處之，行之，以堅持恆久的姿態努力攀登，努力進取，成功的機率就會大大增加。

在山中的廟裡，有一個小和尚被派去買菜油。出發之前，廟裡的廚師交給他一個大碗，並嚴厲地警告他：「你一定要小心，最近我們都揭不開鍋了，你絕對不可以把油灑出來。」

小和尚下山買完油，在回寺廟的路上，他想到了廚師兇惡的表情及鄭重的告誡，越想越緊張，於是他更加小心翼翼地端著裝滿油的大碗，一步一步地走在山路上，絲毫不敢左顧右盼。

然而天不遂人願，因為他沒有向前看路，結果快到廟門口的時候，踩到了一個洞。雖然沒有摔跤，碗裡的油卻灑掉了三分之一。小和尚懊惱至極，緊張得手都開始發抖，以至於無法把碗端穩。等到回到廟裡時，碗中的油就只剩下了一半。

廚師非常生氣，指著小和尚罵道：「你這個笨蛋！我不是說過要小心嗎？為什麼還是浪費了這麼多油？真是氣死我了！」

小和尚聽了很難過，開始掉眼淚。

這時，一位老和尚走過來對他說：「我再派你去買一次油。這次我要你在回來的途中，多看看沿途的風景，回來後把你看到的美景描述給我聽。」

小和尚很是不安，因為自己非常小心碗都還端不好，要是邊看風景邊走的話，就更不可能完成任務了。不過在老和尚的堅持下，他勉強上路了。

在這次回來的途中，小和尚聽從了老和尚的意見，觀察起沿途的風景，這時，他驚奇地發現山路上的風景如此美麗：遠處是雄偉的山峰，山腰間有農夫在梯田上耕種，一群小孩子在路邊快樂地玩耍，鳥兒輕唱，輕風拂面……在美景的陪伴中，小和尚不知不覺地回到了廟裡。當小和尚把油交給廚師時，他發現碗裡的油還裝得滿滿的，一點都沒有灑出來。

《揠苗助長》的故事中，農夫急功近利，反而適得其反，使他的苗全部死了，落得一個揠苗助長的笑話。許多事業都必須有一個痛苦掙扎、努力奮鬥的過程，正是這個過程將你鍛煉得無比堅強並成熟。朱熹說：「寧詳毋略，寧近毋遠，寧下毋高，寧拙毋巧。」對「欲速則不達」作了最好的詮釋。

3 心靈當似高山不動，不能如流水不安

生命中的河流雖曾被污染，但滌盡流沙便可以見到清澈的本性。良好性格的明鏡雖然蒙上塵土，但拭去灰塵終將閃光。——德山禪師

大千世界，灰塵微不足道，它既不會遮擋視線，也不會遮蓋心靈，但當無數灰塵慢慢累積時，物體本相將會被掩蓋直至變質，鏡子不再明亮，金子不再閃光，人的呼吸不再順暢。

現實如此，精神世界同樣如此。就人類的心靈而言，它不是我們的頭腦，也不是我們的心臟，總之它不是我們的肉體，但它就在我們的頭腦裡，在我們的心臟裡，在我們的每一寸肌膚裡。精神世界的灰塵就好比每個人內心裡的自私、貪欲等。與現實的灰塵相比，精神世界的灰塵無影無形，更具隱蔽性，更容易在精神世界裡堆積，讓生命失常，讓心靈失色。

因此，必須學會掃除心靈上的灰塵。心靈的房間，需要經常打掃，才能永保青春、活力長存。我們每天都要經歷很多事情，開心的，不開心的，都在心裡安家落戶。有些痛苦的情緒和不愉快的記憶如果充斥在心裡，就會使人萎靡不振。所以，掃地除塵，能夠使黯淡的心變得明亮；把一些無謂的爭端扔掉，生存就有了更多更大的

空間。

一個皇帝想要整修京城裡的一座寺廟，他派人去找技藝高超的設計師，希望能夠將寺廟整修得美麗而又莊嚴。

後來有兩組人員被找來了，其中一組是京城裡很有名的工匠與畫師，另外一組是幾個和尚。由於皇帝不知道到底哪一組人員的技藝更好，於是就決定給他們機會做一個比較。

皇帝要求這兩組人員各自去整修一個寺廟，而且這兩個寺廟面對面靠在一起。三天之後，皇帝要來驗收成果。

工匠們向皇帝要了一百多種顏色的顏料，又要了很多工具；而讓皇帝很奇怪的是，和尚們居然只要了一些抹布與水桶等簡單的清潔用具。

三天後，皇帝來驗收了。他首先看了工匠們所裝飾的寺廟，工匠們敲鑼打鼓地慶祝工程的完成，他們用了非常多的顏料，以非常精巧的手藝把寺廟裝飾得五顏六色。

皇帝滿意地點點頭，接著回過頭來看和尚們負責整修的寺廟。

他看了一眼就愣住了，和尚們所整修的寺廟沒有塗任何顏料，他們只是把所有的牆壁、桌椅、窗戶等都擦拭得非常乾淨，寺廟中所有的物品都顯出了它們原來的顏色，光亮的表面就像鏡子一般，無瑕地反射出外面的色彩：那天邊多變的雲彩、隨風搖曳的樹影，甚至是對面五顏六色的寺廟，都變成寺廟美麗色彩的一部分，而這座寺廟只是寧靜地接受著這一切。

皇帝被這莊嚴的寺廟深深地感動了，當然我們也知道最後的勝負了。

我們的心就像是一座寺廟，我們不需要用各種精巧的裝飾來美化我們的心靈，我們需要的只是讓內在原有的美，無瑕地顯現出來。

如果你珍愛生命，請你修養自己的心靈。人總有一天會走到生命的終點，金錢散盡，一切都如過眼雲煙，只有精神長存世間，所以人生的追求應該是一種境界。

在紛紛擾擾的世界上，心靈當似高山不動，不能如流水不安。居住在鬧市，在嘈雜的環境之中，不必關閉門窗，只任它潮起潮落，風來浪湧，我自悠然如局外之人，沒有什麼能破壞心中的凝重。

身在紅塵中，而心早已出世，在白雲之上，又何必「入山唯恐不深」呢？關鍵是你的心。

心靈是智慧之根，要用知識去澆灌。胸中貯書萬卷，不必人前賣弄。「人不知而不慍，不亦君子乎？」讓知識真正成爲心靈的一部分，成爲內在的涵養，成爲包藏宇宙、吞吐天地的大氣魄。只有這樣，才能運籌帷幄之中，決勝千里之外，才能指揮若定、揮灑自如。

修養心靈，不是一件容易的事，要用一生去琢磨。心靈的寧靜，是一種超然的境界！高朋滿座，不會昏眩；曲終人散，不會孤獨；成功，不會欣喜若狂；失敗，不會心灰意冷。坦然迎接生活的鮮花美酒，灑脫面對生活的刀風劍雨，還心靈以本色。

4 隨緣不是無所事事，而是心靈的充足

凡事心存法喜，而不貪戀物欲。生活失去了安詳，生命就失去了源頭活水。——延參法師

佛經上記載一則故事說：有一天，「心」向主人提出抗議，表示你每天清晨起床，我這顆心就得爲你睁開眼睛，觀看浮生百態；你想穿衣，我就得爲你穿衣避寒；你想漱洗沐浴，我就得爲你淨身……無論任何事，我都毫無怨言地幫助你，而你卻要四處尋找繁華的生活，累得苦不堪言。其實你要追尋的生活並不在其他的地方，而是在自己的心中！

宋代雪竇禪師和一位叫曾會的著名學士交情很深厚。

曾會知道雪竇禪師四海為家，沒有固定的住處，生活非常艱苦，於是就推薦他到靈隱寺去，並寫了一封給靈隱寺方丈珊禪禪師的介紹信，說：「禪師你拿著介紹信去靈隱寺，方丈跟我是方外之交，一定會好好接待你的。」

於是，雪竇禪師就揣著曾會的介紹信前往靈隱寺去了。過了很長一段時間，曾會來靈隱寺找雪竇禪師，卻被告知沒有這個人。珊禪禪師就和曾會四處尋找，終於在寺裡一間破屋子裡找到了正在打坐的雪竇禪師。

曾會高興地喊道：「雪竇禪師！」

雪竇見是曾會學士，也感到十分驚喜，站起來與他行禮。各自寒暄一陣後，曾會問道：「禪師，我親筆寫的介紹信你弄丟了嗎？為什麼不給珊禪禪師看呢？害得你住這樣的房子！」

雪竇禪師從衣袖裡取出原封未動的介紹信還給曾會，說道：「我只是一個雲遊的和尚，沒有什麼渴求，為什麼要請人介紹呢？」

原來雪竇禪師到了靈隱寺內，便掛單住進了雲水堂，並未把曾會的函件交給當時的方丈珊禪禪師。雪竇禪師同普通僧人一樣，過著清苦的生活，每天上殿、過堂、參禪、早起早睡，日復一日。珊禪禪師聽後為之動容，並感嘆雪竇禪師將來一定會有不一般的造化。

現在人的生活越來越嘈雜紛亂，甚至有的時候會感覺到苦不堪言。當我們擁有了金錢地位，卻發現應酬日益增多，每日忙碌不堪，甚至連睡眠時間都很少，我們真應該問問自己，這樣的生活真的有必要嗎？

有人覺得「隨緣」是不是就如同苦行僧般的生活，不要豐厚的工資，吃粗茶淡飯，並且清心寡欲。這是對隨緣生活的誤解——「隨緣」，常常被一些人理解為不需要有所作為，聽天由命，由此也成為逃避問題和困難的理由。

殊不知，隨緣不是放棄追求，而是讓人以豁達的心態去面對生活；隨緣是一種智慧，可以讓人在狂熱的環境中，依然擁有恬靜的心態、冷靜的頭腦；隨緣是一種修養，是飽經人世的滄桑，是閱盡人情的經驗，是透支人生的頓悟。

隨緣不是沒有原則、沒有立場，更不是隨便馬虎。「緣」需要很多條件才能成立，若能隨順因緣而不違背真理，這才叫「隨緣」。只有擺脫了外界的奴役，自己主宰自己，才可能永保心靈的恬靜和快樂。逍遙曠達不是要求做到無欲，而是淡看各種名利之欲。淡看之後，則可生曠達，有了曠達之後，人生自然逍遙了。

生活裡完全可以做到「隨緣」二字，每天午後泡一杯茗茶，享受充足的陽光，什麼都不去想，這就是一種隨緣；真誠待人，把人事關係理順清楚，對每個人都保持尊重，不摻和亂七八糟的是非，這就是一種隨緣；努力工作，但並不羨慕別人賺到了更多的錢，不為金錢所累，生活自足，這同樣也是一種隨緣。

隨緣，並不是物質上的匱乏，它是精神上的自在；隨緣，也不是無所事事，但一定是心靈的充足。

5 淡看世間風光，枯榮皆有驚喜

心無憂慮，就是逍遙佛祖；身無病痛，就是快樂神仙。麻煩不找你時，決不要自找麻煩。我們只問怎樣可以快樂，不問什麼是快樂。快樂是一種能力，而不是一個目標。——慧律禪師

老子說：「禍兮福之所倚，福兮禍之所伏。」好事和壞事是可以互相轉化的，在一定的條件下，福能變成禍，禍能變成福。世間萬物我們不必強求，都有其自身規律。這就告訴我們，得意時不要忘形，失意時不要消沉。

以前印度有一位皇帝，他帶了大臣上山去狩獵，走了一段時間，肚子餓了，口也渴了，隨身的大臣看到山上有一棵樹，長了很多的果實，又紅又大，就把這些果子摘了下來，準備給皇帝解渴充饑。皇帝用刀削果子，可沒注意，把自己的手削掉一塊，流了很多的血，痛得要命，並把這位大臣痛罵了一頓。

這位大臣聽到皇帝責罵他，馬上就說：「大王啊！你破皮流血不一定是壞事情。」

皇帝聽了，大發雷霆，說道：「痛得要命而且又流血，怎麼不是壞事情？

你這個蠢材真是和我作對。」皇帝脾氣一來，就把這位大臣趕回去了。

正在這個時候，山上來了一群野人，準備要找一個人去祭拜天神。這群野人就把皇帝抓起來獻給酋長去祭拜天神，酋長命令他的部下，把皇帝的衣服脫掉，正準備要開腸破肚挖心時，忽然看到這位皇帝的手正在流血，酋長覺得這很不吉祥、不莊嚴，因為這樣祭拜天神就失去了恭敬心，於是把皇帝放走了。

這時候皇帝才覺得大臣所說的是對的，破皮流血不一定是壞事情，而且還救了自己的命，變成了好事情。

皇帝非常感謝大臣，就趕快回到皇宮。皇帝覺得很對不起大臣，就問：「我在山上發脾氣把你罵走了，你心中恨不恨我？」

這位大臣講：「啟稟陛下，我不但不恨你，而且還非常地感激你。」

皇帝就問：「為什麼呢？」

他說：「如果你不把我趕走，這群野人一定會把我抓去開腸破肚挖心祭拜天神的，所以我非常感謝你救了我一命。」

人們總把太多的生活瑣事放在心上，升職、賺錢、失敗、誤會等，人們總是想這想那，擔心自己擔心別人。其實這些成爲心理負擔的東西都是你自己造成的，你一點一點地給自己加大心理壓力，讓自己活得很累，心理生理都產生疲倦。

所以說，不管是在任何時候，心態很重要。打造一顆「平常心」，抱定「淡看世間風光，枯榮皆有驚喜」的一種生活信念的人，最終都會實現人生的突圍和超越。

人生天地間，本來就是自然的，成功也好，失敗也好，都是自然的，既不要歡喜過度，也不要傷心過度。自處時超脫，待人時和藹，無事時坐得住，有事時不慌亂，得意時保持一顆平常心，世間沒有永恆的事物。一枯一榮都有自然規律，一驚一喜事在必然。

不要因遇到好事而得意，也不要因遇到不好的事情而失意。這也就是我們所說的「不以物喜，不以己悲」。它是一種思想境界，是古賢人修身的要求，即無論外界或自我有何種起伏喜悲，都要保持一種豁達隨緣的心態。

6 無掛礙故，無有恐怖

一切法不生則般若生，一切法不現則般若現。——《大般若經》

有的人因爲對「有」的認識不足，總是在有所得的心態下生活，對於人生的一切似乎都能令我們生起執著。比如在日常生活中，我們會執著於地位、執著於財富、執著於事業、執著於信仰、執著於情感、執著於家庭、執著於生存的環境、執著於擁有的知識、執著於人際關係、執著於自身的見解、執著於技能所長等。

由於執著的關係，我們對人生的一切都產生了強烈的佔有、戀戀不捨的心態，執著給我們的人生帶來了種種煩惱。

《心經》從照見五蘊皆空，到無苦集滅道，都是針對我們對「有」的錯誤認識及執著，揭示存在現象是無自性空，是假有的存在，其目的就是要我們放棄錯誤的認識，同時也放棄對它的執著。像《金剛經》所說的：「不住色生心，不住聲香味觸法生心」的去生活。

「無智亦無得，以無所得故」：是說認識到所緣境空之後，放棄了對境界的執著，那這顆能認識的心是否實在呢？不然，心也是緣起的。比如說眼睛認識活動的產生，它要依賴九個條件：即眼睛、色塵、光線、空間、種子、俱有依、分別依、染淨依、根本依。其他一切精神活動都一樣，也都是緣起性的。當我們認識到所緣境空，不對「有」生起實在的執著，是無得；此時妄心自然息滅不起，是無智。

《大般若經》說：「一切法不生則般若生，一切法不現則般若現。」在妄心、妄境、妄執，息滅的情況下，此時顯現的清淨心、平常心便是般若的功用。

「菩提薩陲，依般若波羅密多故，心無掛礙」：菩提薩是菩薩的全稱。梵語菩薩意爲「覺有情」，具有覺悟有情，或令他有情覺悟的意思。又「覺有情」是相對有情來說的。有情，以情愛爲中心，對世間的一切都想佔有它，主宰它，想使與自我有關的一切，從屬於我，實現自我的自由，然而不知我所關涉的越多，自我所受的牽制越甚。覺者則不然，以般若觀照人生，無我，無我所，超越了世間的名利，因而心無牽掛。

禪者隱居山林之中，面對青山綠水，一瓶一缽，了無牽掛，對他們來說，生死都已不成問題了，還有什麼可以值得他們操心的呢？

佛陀時代，有一位跋提王子，在山林裡參佛打坐，不知不覺中他喊出了：「快樂啊！快樂啊！」

佛陀聽到了就問他：「什麼事讓你這麼快樂呢？」

跋提王子說：「想我當時在王宮中時，日夜為行政事務操勞，處理複雜的人際關係，時常又得擔心自身的性命安全，雖住在高牆深院的王宮裡，穿的是綾羅錦緞，吃的是山珍海味，多少衛兵日夜保護著我，但我總是感到恐懼不安，吃不香睡不好，現在出家參佛了，心裡沒有任何的負擔，每天都在法喜中度過，無論走到哪裡都覺得自在。」

「無掛礙故，無有恐怖」：有情因爲有執著、有牽掛，對擁有的一切都足以產生恐怖，比如一個人擁有了財富，他會害怕財富的失去；擁有地位，害怕別人窺視他的權位；擁有健康，害怕死亡的到來；穿上一件漂亮的衣服，害怕弄髒了；談戀愛，害怕失戀；擁有嬌妻，害怕被別人拐去或跟誰跑了；黑夜走路，害怕別人暗算；在大眾場合說話，害怕說錯了丟面子……總之，對擁有的執著牽掛，使得我們終日生活在恐怖之中。

覺者看破了世間的是非、得失、榮辱，無牽無掛，自然不會有任何恐怖。就像死亡這樣大的事，在世人看來是最爲可怕的，而禪者卻也一樣自在灑脫。

7 保持物我兩忘的平常心

雲在青天，水在瓶。——惟儼禪師

佛教追求的是「物我兩忘」，認爲人人具有佛性，但成不了佛的主要原因就是執著於「我」，即以自我爲中心，自我的觀念太重。比如說：這是我的身體，這是我的妻兒，這是我的財產……我們雖然不至於忘了「我」，但至少該淡化「我」，不要事事以「我」爲中心，也不要執著於「物」，這個「物」就是個人的功名利祿。

有一次，佛陀在法會上給他的弟子們講了個故事：

從前，有個非常富有的商人，他娶了四個老婆：第一個老婆美麗可愛，具有迷人的身姿，整天如影隨形，陪伴在他的身邊；第二個老婆是他從外地搶來的，她同樣分外靚麗，讓人心動，並且呼風喚雨無所不能；第三個老婆純粹是一個賢妻良母，她整日忙忙碌碌，把商人的生活打理得井井有條，讓他衣食無憂；第四個老婆是她們中最忙的，但是商人卻不知道她整天在忙些什麼，他對她既不關心，也不過問，漸漸地也就忘記了她的存在。

有一天，商人打算出遠門做一筆生意，旅途漫長而又十分辛苦，因此他要選擇其中一個老婆陪伴自己。

於是，他就把四個老婆一起叫到面前，問她們誰願意去。第一個老婆說：「我才不願陪你呢，你自己去好了！」

第二個老婆說：「我本來就不屬於你，是你硬把我搶來的，我更不會陪你去！」

第三個老婆說：「旅途那麼漫長，一路風塵，我可沒把握陪你到底，所以我頂多送你一程！」

第四個老婆說：「無論你走到哪裡，我都會跟著你、忠誠於你，聽憑你的呼喚，因為你是我的主人！」

商人無限感慨：「唉！關鍵時刻還是第四個老婆對我好。」於是他就帶著第四個老婆開始了他的漫長旅途。

講完故事，佛陀問座下弟子：「你們聽懂了嗎？這四個老婆就是人生的四個方面：第一個老婆是指人的肉體，人死後肉體要與自己分開；第二個老婆是指財產，許多人為了金錢財產辛苦勞作了一輩子，死後卻不能將它們帶走，只能帶著遺憾離開人世；第三個老婆是指自己現實中的妻子、親人和朋友，雖然生前親人朋友情深義重，但是死後還是要分開的，也無法求得永世相伴；第四個老婆是指人的自性，也就是你自己的心靈和天性。你可以不在乎它，但是它會永遠在乎你，永遠忠誠於你，無論你是貧窮還是富貴，快樂還是痛苦，它與你永不分離。」

身體是本錢，固然重要；財產是基礎，亦不可缺；親人和朋友是伴侶，少了會寂寞；但最重要的還是自己，還是自己的心靈和天性，把它塑造和培養好，我們才會一生受用不盡。

惟儼禪師說：「雲在青天，水在瓶。」這句話有兩層意思：一是說，雲在天空，水在瓶中，正如眼橫鼻直一樣，都是事物的本來面貌，沒有什麼特別的地方。你只要領會事物的本質，悟見自己的本來面目，也就明白什麼是道了。二是說，瓶中之水，猶如人的心，只要保持清淨不染，心就像水一樣清澈，不論裝在什麼瓶中，都能隨方就圓，有很強的適應能力，能剛能柔，能大能小，就像青天的白雲一樣，自由自在。

人存在這個世界上，擁有一顆心很容易，但要有一顆平常心卻是不易的。如同花兒一樣，需要園丁精心栽培，不然就會營養不良乾枯而死。平常心或是花園裡一朵開得嬌豔欲滴的碩大的花朵，讓人欣賞，又或者是一朵沒有鮮豔色彩、沒有茉莉般清香的路邊野花。無論以怎樣的姿態存在，都是我們生活中不可缺少的，是我們在殘酷的生活中所看到的希望。

8 不「貪」為寶

心中無事就是天堂的花香；讚嘆妙語就是天堂的音樂；尊重包容就是天堂的光明；少瞋少貪就是天堂的現前。——星雲大師

人生如同一條河流，有其源頭，有其流程，當然也有其終點，而不管流程有多長，有多短，終究都會到達終點，流入海洋。那麼在我們活著的時候，有什麼欲望是一定非要滿足不可的呢？爲什麼要讓欲望恣意滋生呢？

一天傍晚，兩個非常要好的朋友在林中散步。這時，有位僧人從林中驚慌失措地跑了出來，兩人見狀，便拉住那個僧人問道：「你為什麼如此驚慌，到底發生了什麼事情？」

僧人忐忑不安地說：「我正在移植一棵小樹，忽然發現了一罈黃金。」

兩個人感到好笑：「這僧人真蠢，挖出了黃金還被嚇得魂不附體，真是太好笑了。」然後，他們問道：「你是在哪裡發現的，告訴我們吧，我們不害怕。」

僧人說：「還是不要去了，這東西會吃人的。」

兩個人異口同聲地說：「我們不怕，你就告訴我們黃金在哪裡吧！」

僧人告訴了他們埋藏黃金的地點。兩個人跑進樹林，果然在那個地方找到了黃金，而且是好大一罈子黃金！

其中一個人說：「我們要是現在把黃金運回去，不太安全，還是等天黑再往回運吧。這樣吧，現在我留在這裡看著，你先回去拿點飯菜來，我們在這裡吃完飯，等到半夜再把黃金運回去。」

於是，另一個人就回家拿飯菜去了。

留下的這個人心想：「要是這些黃金都歸我，那該多好呀！等他回來，我就一棒子把他打死，那麼，這些黃金不就都歸我了？」

回去的那個人也在想：「我回去先吃飯，然後在他的飯裡下些毒藥。他一死，這些黃金不就都歸我了嗎？」

回去的人提著飯菜剛到樹林裡，就被另一個人從背後用木棒狠狠地打了一下，當場斃命了。然後，那個人拿起飯菜，狼吞虎嚥地吃了起來。沒過多久，他的肚子裡就像火燒一樣疼，他這才明白自己中毒了。臨死前，他心裡暗想：僧人的話真的應驗了，我當初怎麼就不明白呢？

佛家所謂的貪念，是指很希望得到，得到了就不想失去。而貪念的對象無足輕重，貪圖錢財和貪圖精神的享受，一樣是貪；貪圖男歡女愛和貪圖參禪打坐，一樣是貪；貪圖名利和貪圖清譽，一樣是貪。

比如，沒有人不喜歡聽讚美的語言，沒有人不願意看到微笑的表情，沒有人喜歡失去最好的朋友，沒有人願意被別人拋棄，沒有人渴望失去親人的愛……

因爲面對這些喜歡或者不喜歡，我們的頭腦開始了一秒鐘都不停的工作，它把所有收集到的資訊，瞬間篩選、整理、淘汰、判斷、綜合，每一次得出的結論，都擾亂了我們的心，讓我們不斷產生高興、悲傷、幸福、痛苦、喜悅、興奮、孤獨、開心等各種情緒，我們每天就遊蕩在這許多種情緒當中，把這一切當成是真實不虛的事，認認真真地和別人對話、討論、爭辯、計較、探討、溝通。遇到結果如意的，我們就很開心；假如遇到不盡如人意的，我們就完全失了分寸，整個心空蕩蕩的，沒著沒落，看什麼都不順眼，做什麼都不踏實；假如心裡更委屈的時候，我們會哭泣，大喊大叫，四處抱怨哭訴，讓別人評理，有些人甚至走上了抑鬱和輕生的道路。

這些都是貪念導致的結果。貪一切我們身邊的舒適，貪一切我們習以爲常的生活模式，貪一切我們喜愛的東西，貪一切我們不捨放棄的情感。

假若不貪，會是什麼情況呢？我們照吃、照睡、照玩、照溝通、照爭吵、照愛別人、照被別人愛……但是，絲毫不掛礙，永遠活在那個擁有的片刻而不去判斷。僅僅是享受那個片刻，猶如雲飄過天空，喜歡那雲，但心放在空中。雲來，雲住，雲走，雲去，隨它！

對當下的生命說「是」，就是對頭腦升起的貪念的最好對治。

【延伸閱讀】

管理內心的法則

●明白做人，踏實做事

一個人如果自己做人不明不白，那麼必定稀里糊塗受罪。只有明明白白做人，才能吃得下、睡得好，才會夜半不怕鬼敲門。所以，「明明白白做人，踏踏實實做事」應該作為我們人生的座右銘。

不義的錢財再多，也不要眼紅，否則會成為自己亡身的禍根。無道的權勢再大，也不要覬覦，否則會是身敗名裂的結局。不當的名譽再好，也不要貪圖，否則會有自取其辱的結果。

自己一心做事，莫問將來結果，這樣自己才不會分散精力。只有下苦工夫去努力，才能取得更大的成績。假如一個人學會了為人之道、處事之方，那麼成功的可能性就會大大增加。

清白讓人心安，踏實讓人快樂。自己沒有好的名望，又不刻苦努力，卻一心企求成功的果實，這只是癡人的一場春夢。

●自以為一貫正確，容易犯錯誤

一個人倘若只聽到自己一貫正確的聲音，那是絕對愚蠢的。自我感覺良好的人，喜歡聽到自己一貫正確的聲音；位居高位的人，也喜歡聽到自己一貫正確的聲音；狂妄自大的人，更喜歡聽到自己一貫正確的聲音。

可悲的是，那種認為自己一貫正確的聲音，僅是一種可憐的幻覺，是一些別有用心的小人刻意吹捧和恭維的結果，而絕非是真正的正確。要是陷入自己一貫正確的思維陷阱，人生的悲劇便會來到。假如容不得別人半點的反對意見，聽不進別人半點的批評，自以為自己是超人或者天才，總是以教訓和命令的作風行事，只會讓自己陷入不利的境地。

時常自省，對人生大有裨益。如果自認為是一貫正確的，那麼人生的悲劇就將要來臨。

●做堂堂正正的人

做財富來路不明的富人還不如去做一個堂堂正正的窮人。所以，我們千萬不要去羡慕那些依靠不正當手段一夜暴富的人，我們應該尊重那些依靠勞動和思想致富的人。

一個人若財富來路不明，縱有千萬、億萬資產，也難免活得心驚肉跳。有一天若其醜行暴露，就會被繩之以法，落得可恥的下場。所以，取財要靠正當手段，要合法致富。同樣，職權要是依靠歪門邪道取得，終究難以服眾。先做好人，做好事，然後才能做好官。

●真實做人，厚道是福

「真者，精誠之致也」。人貴於真實，惡於虛偽，因為誠實是人的最高品德。

真實的人，言行一致，童叟無欺，能大公無私，並可在事業上委以重任；虛偽的人，言行不一，瞞上欺下，善於矯飾，每每以私為先，損公利己，絕不能委以重任，否則對事業是極大的損害。

雖然真實的人容易吃一時之虧，但日久見人心，這種人不可能長久吃虧。雖然虛偽的人容易得一時之益，但騙得了一時，騙不了一世，這種人不可能長久得益。善有善報，惡有惡報，那些虛偽奸詐的人終會自食其果。投機取巧，只能騙取別人一時的信任，一旦惡行暴露，終為眾人所不齒。所以，做人還是要實在點好。

辦事圓滿，得失寬平

做事情之前，不能有任何私心，必須有「事情必須辦得圓滿，得失必須放得寬平」的良好心態。事情辦得圓滿，才有成功的可能，生命才能閃光；得失看得寬平，才能心無雜念，人生才會快樂。私心太重，是難以做好事情的。

一個人如果凡事粗糙應付，得過且過，那麼就容易失敗；凡事糊弄自己，等於無知地殘殺自己；凡事斤斤計較，損人利己，等於自絕後路；凡事算計別人，等於愚昧地孤立自己。假如一個人能真正感悟到「認真辦事，大度處世」的重要性，那麼他的人生之路就會越走越寬廣，生命之花就會越開越豔麗，生活之悟就會越思越清晰。

踏實做人做事，才能安心入睡

白天踏踏實實做人做事，夜晚就能安然入睡。因為白天的生活方式和夜晚的睡眠品質是緊密相連的。一個人白天狀態好，其夜晚睡眠品質就高；一個人白天狀態差，其夜晚睡眠品質就低。只有自己白天踏踏實實做事，老老實實做人，這樣夜晚才能無憂無慮，坦然入睡。要是自己帶著滿腔心事，就會夜不能寐，也很難睡得踏實。

要想自己睡眠好，必須要讓自己心安，而要讓自己心安，則必須要讓自己沒有任何煩惱。假如自己白天不去踏實做事，老實做人，淨糊弄和欺騙別人，那麼到了晚上怎麼能睡得踏實呢？

●做人不要害怕吃虧

小時候，也許每個人都有幫老師分蘋果的經歷。很多人會選擇把最好的分給別人，而把最小的留給自己。可是隨著年齡的增長，當我們長大後，卻沒有堅持這個美好的傳統。為什麼呢？因為許多人唯恐自己吃虧，讓別人占了便宜。

其實，吃虧是福。雖然吃一時之虧，但你同時也贏得了他人的尊重，為你的未來贏得了朋友和資本。如果一個人事事吃虧在前，把最好的讓給別人，那麼最終的贏家一定是他。因為命運是公平的。如果一個人從來不肯吃虧，什麼都想得到，結果可能什麼都得不到。

●應該多做些該做的事情

多花點時間學習，在學習上不能知足；多擠出一點時間運動，健康是自己的資本；多點好心情去微笑，微笑比哭泣好；多些寬容之心，儘快忘記為人處世中的不快，對人常懷感恩之心；多點時間自省，多想自己的不足，以鞭策自己不斷進步；多給予別人愛心，因為贈人玫瑰，手有餘香；多抓住機會發展自己，上進心是不可缺少的；多鼓足勇氣奮鬥拼搏，時刻保持自信心；多點放鬆心情的時間，儘量享受美好的生活；多籌畫收支，理財使人富足。

●做人太勢利，容易自取其辱

有一個老者穿著非常儉樸，有一天他去一個茶店喝茶。店主只是淡淡地招呼：「坐，茶。」隔了幾天，那個老者穿戴講究，又去茶店喝茶。店主十分熱情，大聲地說：「請坐，泡茶。」又隔了幾天，老者衣著華貴，還帶了隨從去茶店喝茶。店主恭敬又熱情，並親自招待：「請上坐，泡好茶。」

臨走時，店主請老者留下墨寶。老者寫道：「坐，請坐，請上坐；茶，泡茶，泡好茶。」店主羞得無地自容。

要平等待人，不要以外表來看待一個人。勢利小人，只會自取其辱。一個人如果能夠敬重別人，那麼別人自然也會敬重他。

●貪小往往失大，做人要大氣

貪小便宜，容易吃大虧。處處占人便宜，時時得人好處，表面上看是嘗到了一點甜頭，實際上卻是丟失了人格，增加了危險。占小便宜容易背負惡名，讓自己臭名遠揚，最後身陷困境，寸步難行。貪小便宜之人最被別人瞧不起，往往會陷入孤獨無助的絕境。

貪小的人不僅做不成大事，而且容易早早失敗。「做人要肯吃虧」這個道理，只有在長大成熟之後才能深深感悟。讓別人占一點便宜，別人會心存感激之情，對自己會產生一種親近和善之意。若是自己占盡別人的便宜，別人會心存不快，長此以往，得不償失。

●為人處世，以誠為本

誠實是做人處世的基本原則。沒有誠實作為根本，為人處世就沒有基礎。一個人如果費盡心機地去算計別人，到頭來往往聰明反被聰明誤，因為人算不如天算。《左傳》上說，「失信不立」。沒有任何信譽的人，是沒有人緣的。言不發自內心，縱然悅耳動聽，終歸只是謊言。巧言令色，只能哄騙一時；誠信做人，才能受益一世。

不要自認為比他人聰明，人們的眼睛是雪亮的。欺騙只能一時，卻不能長久。木訥而真誠的人不一定被他人討厭，那些巧言而虛偽的人反而令人厭煩。

●急功近利，多會自食其果

做人、做事，絕對不要急功近利。如果目的性太強，功利性太盛，人生就會吃大虧。我們看一看大千世界，那些急功近利的人，往往會失敗；那些不踏踏實實做事、老老實實做人的人，沒有幾個能成功。為什麼會這樣？因為一切依靠投機取巧，戴著人生的近視眼鏡，去尋找所謂的人生定位，哪裡會有長久的安樂和幸福？

如果一個人的生命之舟總維繫著功名的追逐，那麼其身心就成了名利的奴隸。

如果光知道追求名利，那麼就別指望獲得幸福和快樂。絕大多數人並不瞭解他們的幸福是可以由自己創造的，只有少數有卓越成就的人，才瞭解自己應該追求什麼，並且一步一個腳印地去實現。

為人不可過於聰明

聰明雖然是一件好事，但那種賣弄學問式的聰明往往令人討厭。比如，有時候一個人在公眾場合說理太多，會被他人認為是一種賣弄。所以，最好是適當的沉默，或者只講不得不講的道理，為人最好是謹慎一些的好。

聰明反被聰明誤的事例，在生活中比比皆是。為什麼成大事者往往不是絕頂聰明的人？有人一針見血地指出：「這個世界上真正有成就的往往不是第一流的聰明人，而是第二流聰明加第二流愚笨的那種人。太聰明，就把什麼都看開了，不肯做傻事、花笨工夫，也就沒希望了。」

正人先正己，律人先律己

托爾斯泰認為：要讓所有人都做得好，首先必須自己做好。要求別人做到的，自己必須首先做到。言傳不如身教，說教再多，也沒有一個人的實際行動來得有說服力。比如，你感到現在的生活無味，要想改造現在的生活，那麼首先得改造自己對生活的態度，而不是去埋怨別人和社會，要拿出微笑且充滿信心的生活態度來。

自律是優秀人格的基石，也是有品格之人的基本素質。能夠自律的人總是說到做到，遵守諾言。他們不但自律，而且懂得關懷他人，所以能得到他人的信賴。如果懂得尊重自己，那麼首先就要自律。這樣，別人才會因此更加尊重你。

其實，自律和其他人格特質一樣，也是一種良好的習慣。我們要從今天開始，下定決心，培養自己的自律習慣。

●意氣用事，後悔莫及

多理性行事，少意氣用事。做事不能憑感情，做事更不能憑感覺。意氣用事必有麻煩，事情不會如我們想像的那樣簡單，表象總是容易迷惑人心。理性做事不致反覆折騰，理性做事不會出現大的差錯，理性做事不會使自己後悔。

正確認識自己，就不會意氣用事。當我們準備認真地去做好一件事，努力去成為一個智慧人士的時候，首要的任務是要客觀公正地評價自己。比如，多問問自己我的人生是為了什麼，我的弱點和缺點在哪裡。

有人云：「在瞭解佛陀之前，人必須先要瞭解自己。」瞭解自己的目的，是為了讓自己不去犯錯誤，或者少去犯錯誤。

●細節決定成敗

能夠做成大事情的人，首先是從做小事情開始的；如果能把小事辦好，大事也就自然會順利地做下去。每一個工作都是由許多細節所組成的，如果忽略了事情的任何一部分，就會在日後造成大問題，如果你沒有辦法處理那些細節，那麼你的生活就會有許多的煩惱。

老子說：「天下大事，必做於細。」想要成就一番大事業，必須從細微處入手。只有細節做好了，事情才能完美。反之，歷史上有許多失敗的事例和教訓，往往都是起源於一個對細節的疏忽。

克服人性的弱點

一位科學家知道死神正在尋找他，於是利用複製技術複製了十二個自己，想用以假亂真的方式保住自己的性命。死神面對十三個一模一樣的人，一時難以分辨，不知道哪個才是真正的目標，只好悻悻離去。

但是，沒有多久，死神就想出了一個識別真假的好辦法。

死神回來並對他們說：「先生，你確實是個天才，能夠複製出近乎完美的複製品。但是很遺憾，我還是發現你的作品有一處微小的瑕疵。」

死神的話音未落，那個真科學家就憤怒地跳起來，大聲辯解：「這是不可能的！我的技術是完美的！」

「瑕疵就在這裡。」死神一把抓住那個科學家，把他帶走了。

不要逞能，不要多事

世界本來就是複雜多變的，如果你再逞能多事，那麼人生掀起的風浪就會很大，你所受到的煩惱就會更多。人的社會生活有其自身跌宕起伏的軌跡。遇到人生風暴的時候，明智的辦法是避在一個平靜的港灣裡，待驚濤駭浪自己消退。

不論是天道還是人道，一切都應順其自然。明智的醫生知道何時應該開藥方而何時不用開，有時候不開藥方更是見功力的。有時暫時的忍讓是平息塵世風波的好辦法。面對複雜的生活環境，如果你能夠冷靜下來，能夠智慧地去思考，或者暫時回避，不去逞能，不去多事，那麼會過得更好。

要弄髒一條河流是很容易的，但已渾濁之水，你卻不能通過清理使其清澈，只能任其自清。

別到處吹噓自己

做人不能光用自己的語言，還必須用自己的行動。一個真正有本領的人，多是訥於言而敏於行的，喜歡用行動說話，反而是那些沒有本領的人，才會到處吹噓自己。

真正有能力的人不必吹噓自己的成就，因為他的行動可以表達一切。吹噓和誇口其實表示並不真正瞭解自己，也不能確知在世界上的價值。有些人總是冷眼旁觀，等著事情發生；有些人則心懷好奇，猜測著什麼事情會發生；而另一些人則會身體力行，促成事情的發生。

以行動表達一切，向別人證明你的能力，這比「光說不做」更能贏得別人的欽佩。信口開河容易，但終究不能證實你的能力。

自律自強，做人之上品

沒有約束的人生，是苦難的人生；沒有自強的生命，是脆弱的生命。一個人為什麼會受到他人的尊敬，是因為這個人既有道德修養，又有自己的力量和水準；一個人為什麼會被他人唾棄，是因為這個人既沒有道德修養，又沒有自己的能力和水準。

你是否能夠生存好，關鍵的因素在於你自己。如果你的修養和才智比別人高，他人自然信服你；如果你處處不如別人，他人自然鄙視你。你將依靠你自己，而不是依靠別人。永遠銘記這一點，對於一個人一生的發展是非常重要的。

自滿自得做人，是愚蠢的表現

過分的自我感覺良好實際上是一種無知，它雖能導致傻瓜般的幸福感，讓人得一時之快，但實際上常常有損名聲。自滿自得，是愚蠢的表現。如果一個人不能感覺和欣賞別人的美德，那麼就會陶醉於自己的平庸。

一個人自我感覺良好的時候，往往會由虛榮而生出一種自大的狂妄。在這種自我欺騙中生活，往往會犯大錯誤。如果一個人不從自我恭維的陷阱中警醒過來，那麼其人生之路就會充滿各種危險。過分自信，就是自大，自大會蒙蔽雙眼，使人在人生之路上栽跟頭。

認為別人是傻瓜的人，其實是一個真正的傻瓜。自滿自得，實際上是一種空虛的心靈滿足。

享受生活，而不是享受權力

人生的美好是因為享受生活，而不是享受權力、金錢等東西。生活使人充實，享受生活能夠使你感覺每一天都是賞心悅目的，生命永遠是燦爛的、幸福的和快樂的。

權力、金錢等東西也許會給你帶來一時的歡娛，但也會給人以空虛，會使你感覺每一天都是痛苦不堪的，生命永遠是煩躁的、無聊的，甚至是灰暗的。

事實上，權力是不能享受的，它與責任掛鉤，若肆意濫用權力就要為此付出沉重的代價。一個人若荒唐、無知，往往會去琢磨如何享受權力，而後怎麼利用手中的權力再去享受金錢，其結果往往是身陷囹圄，什麼都享受不了。

人生追求的目標有許多，生活的主體不是單純追求所謂的權力和金錢。為了追求權力並且去貪婪地享受權力帶來的便利，往往最終會走上一條不歸路。

我們要去發現人生中的各種幸福，過充實的生活。人生有許多目標，有許多活法。要明白人生的使命，讓生命發出光芒。

為人厚道是福，偽詐虛假是禍。巧偽不如拙誠，真實的人待人以真心，故能感動別人，使對方有信賴感，令對方也真心待之。

辦事要圓滿，得失要寬平。一時一事當認真，一利一錢當禮讓，這應當作為每個人的座右銘。不認真做事，滿腦子的私心雜念，怎麼能成就大事呢？

第二章

人緣——未成佛時，要先結人緣

1 佈施得福並不難

捨心不吝，名大佈施。即使微不足道的小草，也會與旁邊的花朵，分享滿杯的露珠。——達摩《悟性論》

有句話說：「你有一份快樂，分給別人就變成了兩份快樂。」這種分享就是佛家所說的佈施。

《雜阿含經・卷三十六》記載：從前，佛陀在舍衛城時，有一位容貌莊嚴的天人來禮拜佛陀。

這個天人說道：「為什麼這些天上及世間的人能夠常享福報呢？」

佛陀說：「想要常享福報，應當捨除慳貪，以歡喜、平等、無所得之心廣行佈施，如此便能生生世世安享福報。」

天人對佛陀說：「我自知有一世曾為國王，名為悉鞞梨。當時，我在國內四周城門及城內各處要道廣行佈施，大散錢財。王后說自己也希望大行佈施卻無能為力，我便把東門所作的佈施功德歸屬了王后。王子也對我說希望自己能夠像我一樣大行佈施，修得福報，我便把南城門所做的功德讓給了王子。後來我便將其他城西、城北及全城所做的功德皆各歸屬於每一個人，自己不留下任何功德。」

佛陀說道：「長久以來，你始終如此佈施修福，因此能夠獲得殊勝的福報，享受快樂如意的生活，無有窮盡。這些福德善果都彙聚到功德海中，這條大河的河水超過百千萬億斗斛，無人能夠測量。你所做的一切功德及所感召的福德果報，也彙集到大功德海中，如同此河一般深廣無邊，不可估量，都是因為你的佈施緣起啊。」

天人歡喜頂禮佛陀而後離去。

佛家認爲，佈施並不止於佈施衣服、佈施飲食，還要佈施人歡喜，給予人快樂，才能算是真正的佈施。

佈施得福並不難，自己有的時常想著給予他人一份，自己多的就大量散播出去，讓受到幫助、得到分享的人能夠快樂，這就是佈施得福的本質，這種福才是能夠流傳最久的福。

有一位婦人佈施一缽飯給佛，佛告訴她將來可以得到很多福報。她心中疑惑，一缽飯怎麼可能得到很多福報呢？

佛說：「你有沒有見過尼拘陀樹？它有多高呢？」

婦人回答：「那種樹高四五千尺，每一年生了數萬果實。」

佛問：「拘尼陀樹的種子有多大呢？」

她答：「只有芥子那麼小。」

佛說：「地是沒有心的東西，播一個芥子那麼小的樹種，每年尚能收穫數萬斛的果實，人是萬物之靈，又怎麼得不到福報呢？」

那麼，對於我們普通人來說，佈施怎樣得福？

其實很簡單，當我們得到一份甜美的食品或者一種好處的時候，所謂「獨樂樂不如眾樂樂」，我們把這些能夠分享的給身邊的人分享一下，這就是「佈施得福」，大家一起開心，別人也會覺得我們不是一個吝嗇的人，就會再與我們分享他們的好東西，福分自然就可以感覺到了。

一個蘋果，如果我們不與別人分享，那麼，我們只能嘗到蘋果的滋味，但假設我們把蘋果分成兩半分享給他人一半，那麼，我們將品嘗到三種味道：蘋果的味道；和別人交換的水果的味道；最重要的是和別人共用快樂的味道。

我們只有懂得「利他」才能問心無愧的「利己」，誰都想要享福報，得到好處，那麼我們要做的就是先予福給別人，撒下福報的種子，才能收穫果實。況且，這種佈施分享能夠讓別人快樂，更能讓自己快樂，這其實就是一種福分。

2 與人為善，才能廣結人緣

菩薩欲普度眾生，須與眾生結緣，若不恆順眾生，則無法化導眾生。——本煥長老

國學大師南懷瑾曾經說過：「未成佛道，先結人緣，臉上帶笑，別人想打你罵你都算了。我告訴同學們，我學遍所有武功，最後學到一種天下第一拳，就不用再學其他拳了，現在傳給你們，有人要打我罵我，我就拱手跪下，說一句『你都對』就行了，這是無往而不勝利的。你如果沒有人緣，還能度誰？」

佛教主張「緣起論」，認爲沒有任何事物可以離開因緣關係而獨立存在，每一個人都與眾生息息相關。有的人腰纏萬貫，家產豐富，卻沒有人願意理他；而有的人並不富有，才能也不突出，人緣卻極好。這就是結緣與不結緣的差別。

所謂結緣，就是和他人建立融洽的關係和良好的溝通。

國學大師南懷瑾說：「過去，有的人在路上點一盞路燈跟行人結緣，有人做個茶亭施茶與人結緣，有人造一座橋梁銜接兩岸與人結緣，有人挖一口水井供養大眾結緣，有人送一個時鐘跟你結時間緣，這些都是很可貴的善緣。」

當代著名法師本煥長老享壽一百零五歲，他最常說的一句話就是：「未成佛時，要先結人緣，廣結善緣，隨眾隨緣，為教為眾。」

有一年的大年初一，約有五萬香客來到方丈室要見本煥長老。本煥長老端坐在那裡，香客流水般地從他面前走過。長達六七個小時的端坐，年輕人都難以承受，但本煥長老卻堅持了下來，始終面帶微笑，還不斷地和小孩子們打招呼。

據陪在本煥長老身邊的義工們講述，本煥長老對身邊的每一個人都非常好，到了夜裡很晚時，就惦念他們有沒有夜宵吃，總說：「你們有沒有夜宵吃？吃的什麼？要不要多準備一些？」

本煥長老後來生病，夜裡兩點多，他手上打著點滴，把義工們叫到身邊，要求大家回去休息，他說：「你們年輕，還要照顧家，熬壞了身體是不行的。」

看到義工們一個個都答應了，本煥長老就笑得很開心，彷彿病已經好了。

一位義工說，他扶本煥長老上廁所時，本煥長老問他：「你來照顧我，他們有沒有意見？」

聽到否定的答覆後，本煥長老又問：「你老婆會不會罵你？」

義工說不會罵，本煥長老嘆一聲：「你來照顧我，都是緣分。」

這位義工告訴人們，在照顧本煥長老的最後兩個月裡，本煥長老一直跟他念叨：「你們都在這照顧我，實在不好！你們還年輕，睡不好覺影響身體，你們還要養家。」

有人說世間上最寶貴者，並非黃金白玉，也非汽車洋房；最寶貴者乃是「緣分」。人與人要有緣分才能合好；人與事要有緣分才能成功；人與社會，乃至事事物物、你、我、他等，都要有緣分才能功德圓滿。

其實這人緣如何修得非常簡單，那就是與人爲善。我們每一個人，當我們在生活中得到了別人的關心和幫助時，應當生起感恩知足的心，並盡己所能地將這種關愛傳遞給需要幫助的人。如果不曾得到別人的關愛，就更應當凡事多替別人著想，學會關心照顧他人，給人以親人般的溫暖。如此與人爲善，才能夠廣結人緣。

據《雜阿含經》記載：有一次佛陀看見一個比丘病得很厲害，他一個人躺在床上，已經奄奄一息。佛陀就上前問他：「你為什麼在生病時沒有一個人照應，也沒人與你說話？」

生病的比丘說：「因為我平時很懶，從不知道關心別人，在別人有病時，我也從來沒有去看護別人，所以我現在有病了也沒有人來看護我。」原來他是因為沒有人緣，所以在生病時便沒人來照顧。

佛陀看到這個比丘很可憐，就說：「好啦，你不要擔心你的病，我現在來護理你。」於是，佛陀親自給他打水沐浴，清洗大小便等各種穢物，又給他打掃出來一間乾淨溫暖的房間，鋪設好潔淨柔軟的床鋪，以善言安慰他，耐心服侍他的飲食起居，直到他病好為止。

佛陀不禁感嘆道：「因為你平日裡不結人緣，所以在遇到困難的時候沒有人幫助啊。」

比丘懺悔道：「弟子知錯了，以後一定廣結人緣，與人為善。」

菩薩欲普度眾生，須與眾生結緣，若不恆順眾生，則無法化導眾生。結緣的方法很多，例如對人行個注目禮，就是用眼睛跟他結緣；讚美某人很好，就是用嘴與人結緣；或是用服務、用技術、用心意、用道理都能跟人結緣。

通過這些方法自然能夠結到人緣，俗話說「你對我好，我也對你好」，人緣就是這麼回事，我們對別人充滿關心，用心去問候，待人真誠一些，別人感受到了我們的溫暖，自然也會回饋給我們溫暖，這就是人緣。

3 誰都有無限的財富做佈施

以悲心佈施，能遠離殺害逼迫；以喜心佈施，能遠離憂愁苦惱，無所畏懼；以捨心佈施，心無掛礙；以清淨心佈施，得無上智慧。——《華嚴經》

一個窮人跑到釋迦牟尼佛面前哭訴：我無論做什麼事都不能成功，這是為什麼？

佛告訴他：這是因為你沒有學會佈施。

這個人說：可是我是個窮光蛋，拿什麼佈施呀？

佛說：一個人既使沒有錢也可以給予別人七樣東西：一是顏施，你可以用微笑與別人相處；二是言施，要對別人多說溫柔、安慰、謙讓、稱讚和鼓勵的話；三是心施，敞開心扉，誠懇待人；四是眼施，以善意的眼光去看別人；五是身施，以行動去幫助別人；六是座施，乘船坐車時將自己的座位讓給別人；七是房施，把自己空閒的房子提供別人休息。無論是誰，只要有了這七種東西，好運就會如影隨形。

假如你願意的話，你現在就有無限的財富可以做佈施。從家庭到社會，一句安慰的話，一句關心的話，一句理解的話，一句包容的話，一顆感恩的心，一顆慈悲的心，一顆隨喜的心，扶走路困難的老人一把，拉摔跤的人一把，幫無法自理的人一把……一個動作，一個眼神，一種態度，一些熱情……這些的這些，有時比錢更重要、比物質更需要。而這些都必須建立在無私的佈施心上，這是以精神作爲指導思想的，所以誰都有無限的財富。

遭受危難的親朋、陌生人或者敵人，及時的給予援手、不吝嗇的平等的施與援手，幫他脫離危險抵達安全，這就是菩薩心腸的示現，這就是佈施。

佛經中這樣講述佈施的好處：以悲心佈施，能遠離殺害逼迫；以喜心佈施，能遠離憂愁苦惱，無所畏懼；以捨心佈施，心無掛礙；以清淨心佈施，得無上智慧。

有一座半山腰上的寺廟，香客很多，來來往往很熱鬧。香客來寺廟拜佛許願的同時，都會留下一些錢財作為「香油錢」供奉佛祖。

這天，來了一個叫花子，他參拜完佛祖之後，往盛放「香油錢」的匣子走過去，他沒有放錢，只是往裡面放了一束野花。旁邊的小和尚看見了剛要阻止，身旁的另一個和尚悄悄地拉了拉他的衣袖，低聲對他說：「這野花，也是香油錢。」

小和尚對這話並不是很明白，但是也沒有多說什麼。到了晚上快要睡覺的時候，他又想起了白天的事，於是就拿著那束鮮花來到師父的房間，師父看著野花就知道是什麼事情了，沒有問小和尚任何話，只是看著野花面露欣賞的微笑。

小和尚剛想要開口問師父，但是看著師父的笑容，他突然頓悟了：供佛不一定非要用金錢，一束野花能讓人心生愉快，不也是一份虔誠的佛心嗎？

佛講，有三種人雖然不一定佈施自己的錢財，但只要有「淨心」，同樣也會有施福：

第一種，你受委託人之派遣，拿著他的財物去佈施。你的發心、你的動機，出於和那個施主同樣的「淨心」，你也同樣有佈施的功德。

第二種，自己雖無能力佈施，但看到別人肯佈施，自己由衷地感到高興，或也盡己所能，助上一份，這也同樣的有施福。不是像社會上有些人，看到人家做好事，心存嫉妒，甚至雞蛋裡挑骨頭，散佈流言蜚語。

第三種就是勸人多做佈施，同自己拿出東西做佈施一樣，都可以得到佈施的福報。

4 不要濫用朋友的緣分

保持良好友誼關係的最好方法，是永遠不要欠他什麼東西，也不要借給他任何東西。友誼是生活的調味品，也是生活的止痛劑。——慧律法師

友情確實可以成爲我們在社會生活中的動力機器，但它畢竟馬力有限，需要不時地加油。爲了讓它發揮功效，正常運轉，請注意別讓友情「超載」。

傳統的友情總是抱定一種不講道理的假設「是朋友就該如何如何」，事實上，任何人都沒有這種必須幫助你的義務，假若你夠朋友，你就不該要求別人如何如何，在友情的邏輯中，上述假定應更改爲「只有如何如何，才能交上朋友」。

許多人常常爲功利與情義而糾纏不清，總想把自己真實的動機掩蓋起來，其結果反而是兩敗俱傷、一無所獲。要記住，要取之有道。朋友也許不好意思說出他的付出與犧牲，但你若將這一切視爲當然或應該，時間久了，就不會有朋友了，因爲你的心中只有你自己。

要想友誼地久天長，就要相互理解體諒。無論在哪裡，都不能「靠」朋友。拿朋友當拐杖則是貶低朋友，濫用朋友的情義。倘若你迫不及待地讓朋友爲你辦事，日後還能讓他爲你做什麼呢？能夠幫你的朋友比一切都珍貴，珍貴之物決不應濫用。

5 每一個因緣，都會使你結識一位陌生人

因和果輾轉相生，謂之因果報應。有因才有果，每個緣由都是人生的下一次改變。——聖德法師

《論語》裡講：「無友不如己者。」對於這句話的理解，有些人認爲是我交的朋友一定要比我好，如果你不如我，我就不願意搭理你，實際上抱有這樣的想法就不能夠廣結善緣。

首先要尊重每一個人，也就是說，要對每一個人都平等對待，無論對方的長相、家世等如何，我們都應誠心實意地對對方好，這樣才能體現廣結善緣的用心。

有位老師父帶著一群年少沙彌，在一座古廟裡修行。

老師父對小沙彌們很嚴格，教導他們一定不能鬆懈，必須要用百倍的努力修行才行。他經常叮囑弟子：「學佛要嚴於律己，在日常生活中，要時時刻刻背誦經文，即使是出門托缽，走在路上也要用心背誦。」

其中有位小沙彌非常聽師父的話，有一天，小沙彌出門，他手裡托著缽，嘴裡不停地念誦著經文，他非常專注，居然忘記了化緣。

路邊有位長者看到小沙彌眼睛注視著缽，口中一直背誦經文，他非常喜歡，心想一個孩子出門化緣不易，又如此熱愛佛門，他便打開門，讓小沙彌進去，可是小沙彌仍然沒有察覺到他，從他家的門前走了過去。

這位長者著急地喊道：「阿彌陀佛，這位年輕的沙彌，你的缽還是空的，難道你不餓嗎？我家的大門敞開著就是要迎接你啊。」

小沙彌不好意思地說：「長者，我太專心背誦經文，所以走過頭而沒有看見你。」

長者問道：「你年紀輕輕怎麼能夠如此專心，而對周圍的環境都沒注意呢？」

小沙彌回答：「我的師父要求很嚴格，教我們不能放縱心念，他規定我們每天要背誦很多經文，我比較愚笨，所以只好不停地背。」

長者聽了小沙彌的話越加覺得心裡喜歡，他說：「你這麼用功精進，我實在喜歡，不如以後我每天供養你滿缽的食物，那樣你就可以專心背誦，不用再到處托缽了。」

從那時候開始，這位長者持續地供給小沙彌基本的生活所需，與佛家結下了不解之緣。

我們的生活離不開至親好友，但如果在社交護航隊中沒有「重要的陌生人」，我們也走不了太遠。

最寶貴的金子總是埋在沙子的下面，好東西都要靠挖掘才能得到。在這個已然縮小的地球村裡，人與人之間不再只是陌生人。下面這個故事告訴你，生活中充滿著許許多多因緣，每一個因緣都會使你結識一位陌生人，每一位陌生人，都可能將你推向一個新的高峰。

一個風雨交加的夜晚，一對老夫婦在路上艱難地走著。終於，他們發現了一家燈火通明的旅館。老夫婦走進旅館的大廳，向服務生申請住宿。

當時，喬治正好在這家旅館值夜班。他說：「十分抱歉，今天的房間已經被早上來開會的團體訂滿了。」

老夫婦聽了很失望，準備另找一家旅館住宿。喬治攔下了老夫婦，說：「若是在平常，我可以送你們去附近的旅館，可是我無法想像你們要再一次置身於風雨中，你們何不待在我的房間呢？它雖然不是豪華的套房，但還是蠻乾淨的，反正我必需值班，我可以待在辦公室裡休息。」喬治向這對老夫婦提出了建議。

這對老夫婦大方地接受了他的建議，並對給喬治帶來的不便致歉。

第二天早晨，雨過天晴。老先生前去結帳時，在櫃檯服務的仍是喬治。

喬治親切地告訴老人：「昨天您住的房間並不是飯店的客房，所以我們不會收您的錢，也希望您與夫人旅途愉快！」

老先生不斷地向喬治道謝，並且稱讚他：「你是每個旅館老闆夢寐以求的員工，或許改天我可以幫你蓋家旅館。」

喬治聽了微微一笑，只當老先生是在說一些感激的話，並沒有記在心上。

幾年後，喬治卻收到一封掛號信，信中附有一張邀請函和一張去紐約的來回機票，邀請他到紐約一遊。

抵達紐約後，喬治在第五街的路口遇到了當年的那位老先生。這個路口正矗立著一棟華麗的新大樓。老先生告訴年輕人說：「這是我為你蓋的旅館，希望你來為我經營！」

喬治驚訝不已，說話變得結結巴巴：「您是不是有什麼條件？您為什麼選擇我呢？您到底是誰？」

「我叫威廉・阿斯特，我沒有任何附加條件。我說過，你正是我夢寐以求的員工！」老先生鄭重地告訴年輕人。

那家旅館就是紐約最豪華、最著名的華爾道夫飯店。這家飯店在一九三一年啟用，是極致尊榮的地位象徵，也是各國高層政要造訪紐約下榻的首選。而接下這份工作的服務生喬治成為奠定華爾道夫地位的著名企業家。

隨時隨地想一想你身邊的「陌生人」，學會主動對陌生人熱情相待，主動把每一件事都做到完善，主動對每一個機會都充滿感激。

6 真誠心是菩提心的體

假如我們期待他人先開始，就不是修行。不要去執著條規和外相。如果你最多以百分之十的時間來看他人，而以百分之九十的時間來看自己，你的修行還算可以。──淨空法師

生活中我們給人以微笑，別人就會還我們以微笑，給人以真心必然能夠換來真心。孟子云：「愛人者人恆愛之，敬人者人恆敬之。」俗話也說：「投之以桃，報之以李。」「你敬我一尺，我還你一丈。」微笑只是一個我們表達自己真心的表現，讓別人感受到我們是在表達自己的真心，而不是每天冷著臉，對誰都毫不理睬。

有的人對真心待人抱以懷疑或否定態度，理由是：我真心待人，別人若不真心待我，那我豈不是很傻、很吃虧嗎？不能否認生活中有這樣的人，其實當我們的善良和真誠被心懷叵測的人愚弄之後，吃虧更多、損失更大的並不是自己，而是對方。傷人的人在承受你忿恨的同時，還要承受他人的蔑視以及被群體排斥的孤獨。

很多人都覺得，積極主動地付出友善真誠僅僅是講如何對待別人，其實準確地說，友善真誠地待人更重要的是指如何善待自己。我們待人以善意，別人以善意相報；我們待人以真誠，別人以真誠回饋。這就是我們經常所說的「將心比心」、「以

心換心」。

淨空法師曾說：「真誠心是菩提心的體。我們要用真心、要用誠意處事待人接物，不要怕別人欺騙我。別人用虛情假意對我，我用真誠心對他，不要怕人騙我，不要怕吃虧，不要怕上當，什麼都不怕，就是用真心待人。」

有一次，阿修羅王生病了，變得面容憔悴、精神萎靡，釋提桓因知道後即前往探視。

阿修羅王告訴釋提桓因：「希望你能讓我的病趕快好起來，身體恢復到和過去一樣的健康。」

釋提桓因卻說：「如果你能教我阿修羅幻術，我就讓你像從前一樣健康、快樂。」

阿修羅王想了想回答說：「等我問過其他阿修羅後，如果可行，我一定教你。」

阿修羅王回去後，即問其他阿修羅們的意見。

當時有一位專門以諂媚虛偽的幻術聞名世人的阿修羅，告訴阿修羅王：「釋提桓因從過去的久遠而來，他行為端正、內心正直，常修善法，從不虛偽誑妄他人。您可以跟他說：『如果修了阿修羅諂媚虛偽的幻術，則會墮入盧留地獄中。』釋提桓因必定會放棄學幻術的想法，並祝願大王您早日康復。」

阿修羅王聽了之後，即約釋提桓因前來，並依此阿修羅建議，以偈語告之：「身心清淨帝釋天，若知幻術墮泥犁。於那盧留地獄中，直待一劫被燒煮。」當時釋提桓因一聽偈語即說：「請阿修羅王不要再說了，我已不想學此幻術，並且真心祝願阿修羅王您的病能很快復元，身心安穩無憂。」

這件事情讓佛陀知道了，佛陀告訴比丘們：「釋提桓因雖處天道，尚且能做到不虛偽諂媚，常以真實無妄之心待人處事，你們皆已剃除鬚髮，出家修行，難道還做不到遠離虛偽諂媚？若能以真誠無妄之心待人接物，則能與佛法相應。」

人與人之間需要更多的真誠，而不是自以爲是的小聰明。《圍爐夜話》裡說：「世風之狡詐多端，到底忠厚人顛撲不破，末俗以繁華相尙，終覺冷淡處趣味彌長。」意思是說儘管社會上盛行爾虞我詐的風氣，但說到底還是忠厚老實之人能永遠立於不敗之地。腐朽的社會習俗爭相以奢靡浮華爲時尚，但畢竟還是在清淨平淡之中體會到的淡泊趣味更爲持久綿長。

有一天，狐狸要請仙鶴吃飯。可是，飯桌上沒有肉，也沒有魚，只有一個平底的小盤子，裡面盛了一些清湯。仙鶴的嘴巴又長又尖，小盤子裡的湯喝不到。可是狐狸的嘴巴又大又闊，一張開嘴巴就把小盤子裡的湯喝光了，還不停地發出「咂咂」的聲音。

狐狸對仙鶴說：「仙鶴，你吃飽了嗎？味道不錯吧？」聰明的仙鶴看出狐狸是故意在騙自己，明知道自己不適合這樣吃飯，卻如此招待他，於是一句話也沒說就走了。

過了幾天，仙鶴也請狐狸吃飯。狐狸還沒有走到仙鶴家，就聞到一股香味，饞得口水直往下流。狐狸趕快走進屋子，看見一個長脖子的瓶子裡裝了許多好吃的東西，都是狐狸最愛吃的。

仙鶴指著長脖子瓶子對狐狸說：「今天請你嘗嘗我燒的好菜，請吃吧。」仙鶴又拿來一隻長脖子瓶子，自己吃了起來。

狐狸急忙伸長脖子，把嘴伸到瓶口，可是瓶子的口很小，他伸啊伸，又闊又大的嘴巴怎麼也伸不進去。

仙鶴吃完了自己的一份，抬頭見狐狸這副模樣，心裡很高興，就問狐狸：「咦，你怎麼不吃？還客氣什麼？」

狐狸想起自己請仙鶴吃飯的事，十分慚愧，立即臉漲得通紅。

仙鶴看出了狐狸的慚愧，於是把準備好的用碗盛的肉端給狐狸，並說：「你看我夠不夠朋友？你知道我的嘴巴長無法用盤子吃飯，上次你請我吃飯，居然還用計，這次我也用計，你是不是很不好受啊？咱們都是朋友，為何不以誠待人呢？」

狐狸記住了仙鶴的話，並在仙鶴家飽飽地吃了一餐，很感激仙鶴。從此以後，兩人成為好朋友，狐狸再也不騙仙鶴了。

待人以心換心，就是要我們真誠待人，用真心待人，對每個人都一視同仁，不虛僞，這樣才能夠「換得」別人的心。試想一下，這個社會若是每個人都對人以真心，哪裡還會有欺騙，哪裡還會有僞善呢？那樣一定會是一個非常和諧美好的社會，只待我們去努力實現。

7 請不要吝惜你的讚美

常常讚美別人，這是一種愉快而有報償的習慣。人類天性最深刻的根本，是對於讚美的渴望。人類天性中最根深蒂固的本性就是渴望被人賞識。你能在自己能力之內，輕易地為這世界增添快樂。——海濤法師

我們身邊的每個人，當然也包括我們自己，都希望受到周圍人的讚美，希望自己的價值得到肯定。雖然我們都處於一個極小的天地裡，但卻仍認爲自己是這個小天地裡的重要人物。對於肉麻的奉承，我們會感到噁心，然而又渴望得到對方由衷的讚美。其實我們每個人期望得到別人讚美的心理都是一樣的，學會了讚美，有時可以絕

處逢生。

十九世紀初，一個窮困潦倒的英國青年一篇又一篇地向外投寄稿件，卻一篇又一篇地被編輯退回。

正當他快要絕望時，他意外地收到一位編輯的來信，信很短：

「親愛的，你的文章是我們多年來夢寐以求的作品，年輕人，堅持寫下去，相信你一定會成功的！」

正是這幾句讚美的話，給了絕望的青年勇氣、力量和信心。幾年之後，這位年輕人成為一代文學巨匠，他就是狄更斯。

也許，那位編輯壓根就沒有想到，他那封三言兩語的回信，竟會讓一個人絕處逢生。

「一句讚美的話能當我十天的乾糧。」馬克・吐溫的這句話具體地說明了讚美的作用和力量。人類天性渴望認同，每個人天生都渴望得到他人的讚賞；同樣也都懼怕責難。美國第十六任總統林肯說：「人人都需要讚美，你我都不例外。」心理學家威廉・詹姆斯說：「人性中最本質的願望就是希望得到讚賞。」

讚美對影響他人有著一種神奇的力量。行爲專家認爲，讚揚是一些與行爲發生聯繫的東西，它能促使某種行爲重新出現。當大腦接受到讚揚的刺激，大腦皮層形成的興奮狀態調動起各種系統的積極性，潛在的力量能動地變成了現實，行爲也就因此發生改變。

在生活中，有很多時候，一個微笑，一句讚美，一語鼓勵，再簡單不過，給人的感受卻溫暖如三月的陽光。所以，請不要吝惜你的陽光，請不要吝惜你的鼓勵。

但是怎樣才能做到會讚美別人呢？

（1）真誠是前提

讚美應該是以真誠爲前提的，虛僞和做作是蒼白無力的，讚美必須是真心實意的。虛假的讚美不僅達不到想要的結果，往往會讓人認爲是諷刺挖苦或者是溜鬚拍馬，讓人感到噁心、讓人鄙視。俗話說：「心誠則靈。」真誠地讚美來自內心深處，是心靈的感應，是對被讚美者的羨慕和欽佩，能使對方受到感染、發出共鳴。

（2）具體是真諦

讚美應該是針對某個人或者是某件事而言的，空洞的讚美只會讓人覺得你很虛僞。過於籠統、過於空泛、過於抽象、缺乏具體內容的讚美讓人感到不舒服。例如，第一次見到某人，就對別人大加讚美：「你真是個無比聰明的、了不起的人物啊！」這樣的話，會讓別人對你的第一印象大打折扣。如果在讚美之前，把要讚美的話語具體化，效果就會大有不同。「聽說你的文采不錯，思路開闊，文筆犀利，你真是個才子呀！」

（3）準確是靈魂

真誠的讚美會讓人感覺到自己的價值，準確的讚美是讚美時的靈魂。讚美時不要張冠李戴，更不能鬧出笑話。一個媽媽讚美別人的兒子英語學習比自己的兒子好：「你看人家某某，比我們家老二強多了，不用說廿六個字母，就連四十八個音標都背得滾瓜爛熟。」這樣的讚美真是讓人哭笑不得。

（4）及時是雨露

人人都需要被讚美，這是人性使然。當下屬工作有突出表現時，上司要及時地給予讚美；當孩子考試成績有進步時，要及時地給予讚美；當朋友有了某方面的成就時，要及時地給予讚美……這樣，你的人際關係就會越來越好。

8 留三分餘地於人，留些肚量於己

常寬容於物，不削於人，可謂至極。對事物時常寬恕容忍，不與別人計較，可謂到極致了。——福田大師《肚量說》

俗話說「做人留一線，日後好相見」，生活中留三分餘地給別人，其實就是留三分餘地給自己。而在我們奪走了對方的三分餘地之時，也就把自己逼到了沒有退路的懸崖邊上。

所謂做人三分法——說話留三分，做事留三分。我們平時要多看到他人的長處，評論別人時須留「口德」。當他人做錯事而受到批評指責時，要掌握「責人不必苛盡，留三分餘地於人，留些肚量於己」，在爭利益的同時也不要把對方逼到「無路可走」，這樣才能夠讓大家都得到好處，而不至於撕破臉皮，得不償失。

讓三分，留餘地，表面上包含兩方面的意思：一是給自己留餘地，有進有退，進退自如，以便日後更能機動靈活地處理事務，解決複雜多變的社會問題；二是給別人留餘地，無論在什麼情況下，也不要把別人推向絕路，萬不可逼人於死地，那樣會迫使對方做出極端的反抗，如此一來，事情的結果對彼此都沒有好處。

當你遇到美味可口的佳餚時，要留出三分讓給別人吃，這樣才是一種美德。路留一步，味留三分，是提倡一種謹慎的利世濟人的方式。在生活中，除了原則問題須堅持外，對小事互相謙讓會使個人的身心保持愉快。

清代康熙年間，人稱「張宰相」的張英與一個姓葉的侍郎，兩家毗鄰而居。葉家重建府第，將兩家公共的弄牆拆去並侵佔三尺，張家自然不服，遂引起爭端。張家立即發雞毛信給京城的張英，要求他出面干預，張英卻作詩一首：「千里家書只為牆，再讓三尺又何妨？萬里長城今猶在，不見當年秦始皇。」張英看見詩後立即退後三尺築牆，而葉家也深表敬意，也退後三尺。這樣兩家之間即由從前的三尺巷形成了六尺巷，被百姓傳為佳話。

凡事讓步表面上看來是吃虧的，但事實上由此獲得的收益要比你失去的還要多。

這正是一種成熟的、以退爲進的明智做法。

事物的發展都是相對的，謙讓很多時候都是發生在競爭的情形之中，由於謙和禮讓的出現而使矛盾完全化解，更免去了一場不必要的爭鬥，對手變手足，仇人變兄弟。因此，謙讓是避免鬥爭的極好方法，對於自身也有一定的價值。

得理不讓人，讓對方走投無路，有可能激起對方「求生」的意志，而既然是「求生」，就有可能會「不擇手段」，這對你自己將造成傷害，而且造成傷害是無法估量的。對方「無理」，明知理虧，你在「理」字已明之下，放他一條生路，他會心存感激，來日自當圖報，就算不會如此，也不太可能再度與你爲敵。這就是人性。

當你一味爭搶的時候，不僅傷害了對方，也有可能連帶地傷了他的家人，甚至毀了對方一生的幸福，這未免有失做人的德性。得理讓人，不僅是一種積蓄，更是一種財富。

世界很大也很小，要知道地球是圓的，山不轉水轉，後會有期的事情常有發生。你今天得理不讓人，哪知他日你們二人又會狹路相逢，若那時他處於優勢，而你處於劣勢，你就有可能吃虧！「得理讓人」，這也是爲自己留條後路啊！正所謂「人情翻覆似波瀾」。

今日的朋友，也許將成爲明日的仇敵；而今天的對手，也可能成爲明天的朋友。世事一如崎嶇道路，困難重重，因此走不過的地方不妨退一步，忍一時風平浪靜，退一步海闊天空。讓對方先過，哪怕是寬闊的道路也要留給別人足夠的空間。

「若想在困難時得到援助，就應在平時寬以待人」。包容接納、團結更多的人，在順利的時候共同奮鬥，在困難的時候患難與共，進而爲自己增加成功的能量，創造更多成功的機會。反之，則會使大家疏遠你，在其成功的道路上，人爲地增加阻力。

人們往往把大海比作寬廣的胸懷，因爲大海能廣納百川，也不拒暴雨和巨浪；也有人把忍耐性比做彈簧，彈簧具有能伸能屈的韌性。人們在一個單位或集體中工作學習，難免會產生一些意見或矛盾。但是，如果經常爲一些雞毛蒜皮的小事爭得面紅耳赤，誰都不肯退讓，以致大打出手，事後靜下心來想想，當時若能忍讓三分，自會風平浪靜，大事化小，小事化了。事實上，越是有理的人，如果表現得越謙讓，越能顯示出他胸襟坦蕩、富有修養，反而更能得到他人的欽佩。

漢朝時有一個叫劉寬的人，為人寬厚仁慈。他在南陽當太守時，老百姓做了錯事，為了以示懲戒，他只是讓差役用蒲草鞭責打，使之不再重犯，此舉深得民心。

劉寬的夫人為了試探他是否像人們所說的那樣仁厚，便讓婢女在他和下屬集體辦公的時候捧出肉湯，故作不小心把肉湯灑在他的官服上。

要是一般的人，就算不把婢女毒打一頓，至少也要怒斥一番。但是劉寬不僅沒發脾氣，反而問婢女：「肉羹有沒有燙著你的手？」由此足見劉寬為人寬容之肚量確實超乎一般人。

這就是有理讓三分的做法，劉寬的肚量可謂不小。他感化了人心，也贏得了人心。人人都有自尊心和好勝心，在生活中，對一些非原則性的問題，我們應該主動顯示出自己比他人更有容人之雅量。俗話說：人非聖賢，孰能無過。每個人都難免會偶有過失，因此每個人都有需要別人原諒的時候。

大部分人一旦陷身於爭鬥的漩渦，便不由自主地焦躁起來，有時爲了利益，甚至爲了面子，也要強詞奪理，一爭高下。一旦自己得了「理」，便決不饒人，非逼得對方鳴金收兵或自認倒楣不可。然而這次「得理不饒人」雖然讓你吹響勝利的號角，但也成了下次爭鬥的前奏。因爲這對「戰敗」的一方也是一種面子和利益之爭，他當然要伺機「討」還。

在這種時候，我們爲什麼就不能像劉寬那樣，即使自己有理，也應讓別人三分。其實，有些時候給他人讓出了臺階，也是爲自己攢下了人情，留下了一條後路。

寬以待人，要有主動「讓道」精神，寬容讓人，做一個能理解、容納他人優點和缺點的人，才會受到他人的歡迎。相反，那些只知道對人吹毛求疵，沒完沒了地批評說教的人，怎麼會擁有親密的朋友呢？人們對他只有敬而遠之！

【延伸閱讀】

營造和維繫好人緣

營造和維繫好人緣，是一門學問，更是一種藝術。經營好自己的人際關係網，編織一個牢固龐大的人際網路，當你需要幫助時，就會有人向你伸出熱誠的雙手，給你一個可以依靠的肩膀。以下六種人緣是你一生的功課。

第一種，以親情為基礎的關係

「血濃於水」是人們常說的一句話，親戚之間的血緣或親緣關係決定了彼此之間特殊的親密性。遇到困難，人們首先想到的就是找親戚幫助。作為親戚，對方也大都會很熱情地向你伸出援助之手。

第二種，以友誼為基礎的關係

少年時代建立的友誼是十分純潔的，由於學生時代的我們，年輕、單純、熱情，對人生充滿崇高的理想，加之同學間朝夕相處，彼此有一定的瞭解，有可能發展為長久、牢固的友誼。因此平時要多和同學培養、聯絡感情，友誼之情才不至於疏遠。

第三種，以鄉情為基礎的關係

現代社會人口流動性十分大，很多人離開家鄉到異地去求職謀生。在陌生的環境裡，要想拓展人際關係有一定的難度，不妨從同鄉的關係入手，打開人際關係的新局面。

第四種，以人心為基礎的關係

一個人的人際關係好壞與否，其實也就是贏得人心的成功與否，眾人的力量是巨大的，想做什麼事要依靠眾人的力量，都可以輕鬆實現。你善待眾人，懂得去搞關係，就會有許多人願意幫助你，不斷地給你提供各種各樣的資源，使你能夠開足馬力向前進。

第五種，以外力為基礎的關係

一個人要想取得某種成就，就必須具備一定的條件，而這些條件的客觀方面卻往往掌握在他人的手中。接受他人的支持和幫助，就像一顆優良的種子不拒絕一塊適合自己生長的土壤，勢必會加速一個人的成功，有時甚至會決定一個人的命運，借用他人之力，關鍵是要找對人，一旦得到貴人的相助，難事就成為易事。良好的「伯樂與千里馬」的關係，最好是建立在各取所需、各得其所的基礎上。這絕不是鼓勵唯利是圖的做法，而是強調以誠相待的態度，既然你有恩於我，他日我必投桃報李。

第六種，以鄰居為基礎的關係

俗話說「遠親不如近鄰」，鄰里關係也是一種重要的關係，鄰里之間，低頭不見抬頭見，如果處理不好鄰里關係，兩家打來罵往，誰也過不了舒心的日子，所以，我們一定要正視鄰里關係，遇到急難之時，鄰居說不定還能助你一臂之力。

第三章

機緣——迷中不執著，悟中有受用

只要不執著，就有辦法化解

同樣過一天——有人虛妄迷惑，顛倒痛苦；有人了然明白，解脫自在。——馬祖禪師

佛家說：「財富會空，真空能生妙有。」人在迷惑的時候，往往會有許多心結打不開，這通常都是因爲自己鑽牛角尖，固執己見，聽不進別人的逆耳忠言所致。所以當我們遭遇不順、陷入煩惱的時候，無論迷惑、愚癡或邪見，只要不執著，就有辦法化解。

有一天，一位信徒向一休禪師訴苦：「師父，我不想活了，我要自殺。我經商失敗，無法應付債主們逼債，只有一死了之啊！」

「難道就沒有別的辦法了嗎？」

「沒有了！我已經山窮水盡了，家裡只剩下一個幼小的女兒。」

禪師說：「我有辦法幫你解決，只要你把女兒嫁給我。」

信徒大驚失色：「這……這……這簡直是開玩笑！您是我師父啊！」

禪師揮揮手說：「你趕快回去宣布這件事，迎親那天我就到你家裡，做你的

女婿。」

這位信徒素來虔信一休禪師，只好照辦。迎親那天，看熱鬧的人把信徒的家擠得水泄不通。

一休禪師安步當車抵達後，只吩咐在門口擺一張桌子，上置文房四寶，圍觀的人更覺稀奇，一個個屏氣凝神地準備看好戲。

一休禪師安安穩穩坐下來，輕鬆自在地寫起書法，一會兒工夫就擺了一桌的楹聯書畫。

大家看一休禪師的字寫得好，爭相欣賞，反而忘了今天到底來做什麼的了。結果，禪師的字畫不到一刻鐘就被搶購一空，錢堆成小山一樣高。

禪師問這位信徒說：「這些錢夠還債了嗎？」

信徒歡喜得連連叩首：「夠了！夠了！師父，您真是神通廣大！」

一休禪師輕拂長袖說：「好啦！問題解決了，我也不做你的女婿了，還是做你的師父吧！」

所謂「窮則變，變則通」，能夠不斷尋求解決之道，就會有所覺悟，有了覺悟就會有所受用，此即「迷中不執著，悟中有受用」。

寺廟裡，有一位修為深厚的老和尚，他身邊聚攏著一幫虔誠的弟子。

這一天，他囑咐弟子們：「徒兒們，你們每人都去南山打一擔柴回來吧。」

弟子們匆匆告別師父下山，但行至離南山不遠的河邊，眼前的一幕卻讓所有弟子都目瞪口呆——只見洪水從山上奔瀉而下，阻住了去路，弟子們無論如何也休想渡河打柴了。眾人只得悻悻而歸，無功而返。弟子們多少都有些垂頭喪氣，唯獨有一個小和尚，卻與師父坦然相對。

老和尚笑問：「打不成柴，大家都很沮喪，為何你卻如此淡定？」

小和尚看了看師父，從懷中掏出一個蘋果，遞給老和尚，說道：「雖然過不了河，打不了柴，但我卻看見河邊有棵蘋果樹，上邊還結了蘋果，我就順手把這唯一的一顆蘋果摘下來了。」

後來，這位小和尚成了老和尚的衣缽傳人。

世上有走不完的路，也有過不了的河。遇見過不了的河掉頭而回，是一種生存智慧，但在河邊摘下一顆新「蘋果」，無疑是一種更大的生存智慧。歷覽古今，抱持這樣一種生活信念的人，最終大都實現了人生的突圍和超越。

目標可以是一個，抵達目標的路線卻可以有多個。在實現目標前，切忌一頭扎進去，我們需要靜下心來琢磨琢磨選擇哪種路線更有效。有時選擇比努力更重要，尤其是在面對成效甚微的努力時，我們更需要放下執念，學會變通。

第一要告誡自己：有些事情必須選擇妥協。

遲田大作家曾說：「權宜變通是成功的秘訣，一成不變是失敗的夥伴。」的確，成功除了堅持到底之外，最重要的是必須在該轉身和變通的時候，及時放下食古不化、固執己見的態度，否則只會讓自己離成功的目標越來越遠。所以，我們要告誡自己：有些事情必須放下執念，選擇妥協。

有位偉人說得好：「根據情景的變化，及時調整人生的航線是量力而行的睿智和遠見，放棄已不再適合局勢的航線則是顧全大局的果斷和膽識。」

第二是要養成學習新知識、接觸新事物的習慣。

絕大多數執念的人，都是一些思想狹窄、看問題片面、不喜歡接受新事物者。他們由於思維方式偏激，觀念固定重複，在大腦皮層形成了一個「惰性興奮中心」，一旦某種思想、觀念深深地紮根其中，自然很難容下其他思想、觀點。因此，要想放下執念，就得不斷學習新知識，接觸新事物，開闊自己的思路，養成不斷更新思維方式的習慣。要知道，人生如戲，每個人都是自己生命裡唯一的導演。只有學會選擇新事物，放棄舊事物的人才能夠徹悟生活，笑看生活，擁有海闊天空的幸福境界。

第三是要善於克制自己，保持適度的自尊。

自尊心過強是導致執念的重要原因，而執念又常在虛榮心的滿足中得到發展。「自尊」作爲人的一種精神需要固然是必要的，也是良好的。但自尊心過強，並且不是靠智慧、技能、高尚品格獲得，而是用執拗、頂撞、攻擊、無理申辯來強求，就會發展爲固執。固執的人爲了達到自己的目的所表現出來的「堅持到底」的行爲，與真正的百折不撓、頑強不屈的精神並不能相提並論。因此，要想避免陷入執念的泥潭不可自拔，就得加強自我調控，善於克制自己，以保持適度的自尊。

第四是做事認真而不迂腐，靈活而有原則。

做事太認真的人，往往會變得頑固執拗。太認真會讓人看不清楚周圍真實的情況，最後受害的反而是自己，甚至自己受傷、吃了虧還不知道爲什麼。簡而言之，即，認真的生活態度是需要的，但認真得過頭了就大事不妙了。

2 苦樂全憑自己的判斷

真的懂自我省視的人，是沒有閒工夫去管別人如何的。——長沙禪師

生命是否有意義，最關鍵的在於個體的自身體驗。沒有了自我，一切的快樂都是虛僞的假象。不要爲了某些虛榮的東西，而把寶貴的年華和快樂捨棄。

苦樂全憑自己的判斷，這和客觀環境並不一定有直接關係。人要活得像人，活出一種真正人的氣質來，你就只做自己，因爲你是獨特的，是世間獨一無二的，你享受自己，有自己的個性，自己的思想，不斷去發展自己，這樣你與任何人比都不會

自卑。

一個人活著，應該是爲自己而活，而不是爲了迎合別人。很多時候，我們之所以不快樂、不開心，是因爲太在乎周圍人的眼光，爲了成爲別人眼裡的好員工、好同事、好妻子、好丈夫……我們壓抑了自己，拼命地討好他人，卻忘了我們活著不僅僅是爲了他人。如果一個人太在乎別人的眼光，他就會變得畏首畏尾，就會形成沒有主見的性格。

白雲守端禪師在方會禪師門下參禪，幾年來都無法開悟，方會禪師憐念他遲遲找不到入手處。一天，方會禪師借著機會，在禪寺前的廣場上和白雲守端禪師閒談。

方會禪師問：「你還記得你的師父是怎麼開悟的嗎？」

白雲守端回答：「我的師父是因為有一天跌了一跤才開悟的，悟道以後，他說了一首偈語：『我有明珠一顆，久被塵勞封鎖。今朝塵盡光生，照破山河萬朵。』」

方會禪師聽完以後，大笑幾聲，徑直而去，留下白雲守端禪師愣在當場，心想：「難道我說錯了嗎？為什麼老師嘲笑我呢？」

白雲守端禪師始終放不下方會禪師的笑聲，幾日來，飯也無心吃，睡夢中也經常會無端驚醒。他實在忍受不住，就前往請求老師明示。

方會禪師聽他訴說了幾日來的苦惱，意味深長地說：「你看過廟前那些表演猴把戲的小丑嗎？小丑使出渾身解數，只是為了博取觀眾一笑。我那天對你一笑，你不但不喜歡，反而不思茶飯，夢寐難安。像你對外境這麼認真的人，連一個表演猴把戲的小丑都不如，如何參透無心無相的禪呢？」

每個人都會在乎別人的看法，但是，任何事物都有一個尺度，一旦你常常讓別人的看法代替自己的看法，這就是一個危險的信號了。雖然人都是群居動物，難免有從眾心理，但是人生的路還要靠自己走，如果你一味地人云亦云，被人牽著鼻子走，最後只會迷失自己，得不償失。

長沙禪師有一天去遊山。回來的時候，首座問：「和尚什麼處去來？」

長沙答：「遊山來。」

首座又問：「到什麼處來？」

長沙答：「始隨芳草去，又逐落花回。」

首座說：「大似春意。」

長沙說：「也勝秋露滿美葉。」

這是禪宗史上被稱揚不已的一段話。

在我們俗人看來，這是答非所問的話，近乎文不對題，然而，為什麼還會被稱讚呢？

那是因為我們總是被名利所困，在生括裡執著，做什麼總有所為，有個目的。

禪師的生命是無限自由的，他像風一樣，無形，無色，無所住留，但寒暖自知，如果說風從何處來，往何處去，就落於兩邊，失去作為風的自由。悟後的人正是如此，他遊山，散步，但他有心境的自由，他沒有道理計較，也沒有執著的處所，於是他可以隨著芳草前行，跟著落花回來。

「輕履者遠行」，就是說只有丟掉包袱，才能輕裝前進，而且能走得更遠。許多人之所以活得沉重，是因爲他們背負了過多別人的評論，所以他們覺得人言可畏。俗話說眾口難調，一味聽信於人，便會喪失自己，做任何事都患得患失、誠惶誠恐，這種人一輩子也成不了大事。他們整天活在別人的陰影裡，太在乎上司的態度，太在乎同事的眼神，太在乎周圍人對自己的態度。這樣的人生，還有什麼快樂可言呢？

3 參透得失的本質

眾生由其不達一真法界，只認識一切法之相，故有分別執著之病。——《四十二章經》

人生總是有得有失，得到了這個，失掉了那個，有的人很貪心，想要把一切都攥在手裡，失掉了任何一樣都變得不開心，這就是沒有參透得失的本質。

我們在得失之間要有一顆平常心。塞翁失馬的故事都聽說過，在這個故事中，塞翁失去了很多東西，但是唯一不變的就是他快樂的內心，他始終保持著一個平和的心態。

要以「得之我幸，失之我命」的態度坦然度過整個人生，也就是「得到了是我的幸運，失去了是我的命運如此」，擁有這樣的心態自然能夠保持快樂。

有一天，無德禪師正在院子裡鋤草，迎面走過來三位信徒，向他施禮，說：「人們都說佛教能夠解除人生的痛苦，但我們信佛多年，卻並不覺得快樂，這是怎麼回事呢？」

無德禪師放下鋤頭，慈祥地看著他們說：「想快樂並不難，但首先要弄明白人為什麼活著。」

甲說：「我母親今年八十多了，身體不好，我總是擔心她離我而去。」

乙說：「我要沒日沒夜地幹活，才能夠養活一家老小，我感覺很累，毫不快樂。」

丙說：「我今年都快三十歲了，卻連個功名都考不上，全家就指望我高中，可是屢屢失敗。」

無德禪師停下了手裡的活，聽三個人訴說完，想了想說道：「難怪你們不快樂，是因為你們總是在計較失去的東西啊，總是在意生活裡不好的一面。」

無德禪師對甲說：「你的母親身體不好，你要好好照顧她，可是你家上個月不是新添了一個女兒嗎？這不讓人高興嗎？」

無德禪師轉頭對乙說：「你每天工作很累，但是你有一份正經的工作，在村子裡首屈一指，跟家人享受天倫之樂，這不讓人高興嗎？」

無德禪師最後對丙說：「村子裡每一塊匾都是你題的字，你讀書最多，識遍天下，縱覽古今，這不讓人高興嗎？」

三人聽後都恍然大悟，道謝禪師而去。

有一位哲人說過：「世界上有兩種人，他們的健康、財富以及生活上的各種享受大致相同，結果，一種人是快樂的，而另一種人卻得不到快樂。」杭州靈隱寺中有一副對聯，上聯是「人生哪能多如意」，下聯是「萬事但求半稱心」。有時失去了身外之物，若是因此失去了好心情就太看不開了，可謂得不償失。

在人生的道路上，每個人都在不斷地累積著令自己煩惱的東西，包括名譽、地位、財富、親情、人際關係、健康、知識、事業等。這些東西壓得人們喘不過氣來，使人們失去了原本應該享受的樂趣，增添許多無謂的煩惱。一旦失去其中一種便會大爲在意，甚至惱火沮喪，要想辦法將其奪回來。

其實人生就那麼幾十年，金錢地位等等的一切都不能一直陪伴我們，人死了之後也什麼都帶不走，若是焦慮沮喪、患得患失幾十年，那就太不値得了。所以人生的本質就是快樂，每天都快樂地活，不是一種最好的活法嗎？何必要爲了一些身外之物黯然神傷、焦慮不已呢？

有個富人叫做白正，他感到每天都不快樂，聽說在偏遠的山村裡有一位得道的高僧，他便把所有家產換成了一袋鑽石，去找高僧。

他對高僧說：「高僧！人們說你無所不知，請問在哪裡可以買到全然快樂的秘方呢？」

高僧說：「我這裡的快樂秘方價格很貴，你準備了多少錢，可以讓我看看嗎？」

白正把裝滿鑽石的袋子拿給高僧，沒有想到高僧連看也不看，一把抓住袋子，轉身就跑掉了。

白正非常吃驚，眼看四下又無人，只好自己追趕高僧，可是跑了很遠也沒有見到高僧的身影，他累得滿頭大汗，在樹下痛哭。

正當白正哭得厲害之時，他突然發現被搶走的袋子就掛在枝丫上。他取下袋子，發現鑽石還在。一瞬間，一股難以言喻的快樂充滿他全身。

高僧從樹後面走出來，說道：「凡人不懂得得與失的平衡，自以為失要痛哭，得要歡喜，只有拋卻了這種觀念，你才能真正的快樂啊。」

白正叩謝禪師，回去之後開始勞動，每天都過得很快樂。

人生最大的障礙和不自在，就是受外界的牽制。對外在虛假的認同，而破壞了我們心靈的統一。絕對的本體是超越了時間、空間和因果律的範疇。「眾生由其不達一真法界，只認識一切法之相，故有分別執著之病」。

人們總喜歡羨慕別人，卻忽略了自己所擁有的。很多人總是渴望獲得那些本不屬於自己的東西，而對自己擁有的卻不加以珍惜。其實，我們每個個體之所以存在於世界上，自有它存在的意義；每一個人都擁有自己的優點和長處，也有自己的缺點和短處。因此，安心做自己的人，才是智慧的人。

4 成為最好的「你自己」

若你能肯定自己，這世上就沒有人能夠否定你。佛陀是發現以及指點我們解脫之道的人，而「道」還是需要我們自己去踐履的。——淨空法師

人活著必須順其自然，根據自己的能力和興趣，過自己的日子。有一種錯誤觀念，認爲成功就一定要怎樣怎樣，幸福就必須如何如何，似乎只有達到某個標準的人才算成功幸福。

據說佛陀也不知道什麼叫成功，就喬裝來到人間，想問問別人什麼叫成功。

佛陀問第一位先生：「請問，您認為什麼叫成功？」

那位先生不假思索地說：「成功就是當有錢人，口袋裡有錢。」

佛陀又問了第二位先生：「先生，您認為什麼叫成功？」

那位先生想了一會兒說：「成功就是做大官，有權、有勢。」

佛陀接著又問第三位先生：「您怎麼看待成功？」

結果第三位就說：「成功就是當名人，因為當名人能夠前呼後擁、無限風光。」

佛陀聽了這幾個人的回答，沒有聽出個所以然，說：「你們就直接說什麼是成功，什麼是成功的標準吧！」

結果這三位先生都面面相覷，啞口無言，最後憋出一句話：「噢！佛陀！成功的標準我們也不知道，反正那東西不是我們定的。」

佛陀想：換個方法或許我能夠瞭解什麼是成功。於是佛陀喬裝成一位婦人來到公園，看見一位母親正帶著孩子在公園裡嬉戲。

佛陀走過去問：「這位女士，我是個有錢人，您覺得我和您相比誰更成功？」

那位女士看了佛陀一眼說：「您是個富人，但是我覺得我是孩子慈愛的母親，在家裡，我是丈夫賢良的妻子，在企業裡，我是優秀的員工，在社會上，我是守法的公民，每天過得平淡而又快樂，您只不過有錢而已，但是您真正快樂嗎？幸福嗎？您能告訴我什麼叫成功嗎？」

佛陀聽了默默無言，他又化喬裝成一個名人，看到有一個騎自行車的年輕人從旁邊經過，就把他叫了下來。

佛陀問：「這位先生，冒昧地問您一下，我是一位名人，住的是豪宅，開的是名車，您卻騎著自行車。您說，你我之間誰更成功呢？」

那位騎自行車的小夥子打量了佛陀一眼，說：

「哦，您是名人，我呢，雖然沒有名氣，但是我有充足的自我空間，能夠自主地支配自己的生活。我可以下班後騎自行車出來遛彎兒，想看書就看書，想欣賞音樂就欣賞音樂。工作完成之後，我可以自由地安排自己的時間，能夠與自己的家人、朋友經常團聚，享受生活所帶來的快樂，我覺得我過得非常舒適。但您這位名人，我想恐怕沒有什麼自由，說不定連結婚都不敢對別人說，出門都要戴墨鏡，吃飯都要坐角落，您完全像關在籠中的金絲鳥，您說咱倆誰更成功呢？」

佛陀聽了這些以後若有所思。於是他又往前走，看見一位老農在地裡耕田，於是佛陀把老農請過來，問這位農民：「我想問您，我是一位有錢人，是一位名人，您是一位幹農活的先生。我想，您能不能夠告訴我，是您成功還是我成功呢？」

結果那位老農說：「俺不知道什麼叫成功，俺只知道，就憑俺這雙手，憑俺自己的辛勤勞動，俺已經把四個孩子都送進學校去了，而且現在他們對社會都有所貢獻，俺覺得已經非常滿足，非常幸福。」

佛陀說：「您這樣勞動才夠供四個孩子讀書，但是我的錢足夠供四十甚至四百個孩子讀書，您不覺得我比您更成功嗎？」

那位老農笑著說：「是的，俺相信。不過俺想，可能您沒有俺的這種自豪感。俺是一個農民，就靠這雙手，去辛勤耕耘這些田地，用勞動來供俺的四個孩子去讀書、生活，俺覺得俺的自豪感、成就感，可能要比先生您強些。」

最後，萬能的佛陀回來告訴弟子們這一天的經歷：「成功不是逼自己當上總統或成為億萬富豪，而是將自己最擅長的一面，發揮到盡善盡美。世界上最可怕的事，不是戰爭、疾病與貧窮，而是信心崩潰。不要做一個光是羨慕別人的人，要做一個讓別人羨慕的人。若你能肯定自己，這世上就沒有人能夠否定你。所謂成功，就是成為最好的自己。」

其實，人生不是比賽，幸福和成功也不需要終點。許多在事業上很成功的人，他們的生活未必幸福；在生活上過得愉悅自在的人，未必擁有龐大的事業。只要你能認清這一點，你就會肯定一個事實：真正的成功和幸福是能接納自己和肯定自己，讓一切順其自然。

美國作家威廉•福克納說過：「不要竭盡全力地和你的同僚競爭。你應該在乎的是，你要比現在的你強。」

真正的成功應是多元的。成功可能是你創造了新的財富或技術，可能是你爲他人帶來了快樂，可能是你在工作上得到了別人的信任，也可能是你找到了回歸自我、與世無爭的生活方式。每個人的成功都是獨一無二的。

成功不是要和別人相比，而是要瞭解自己，發掘自己的目標和興趣，努力不懈地追求進步，讓自己的每一天都比昨天更好。

5 做事要高調，做人要低調

蓋世功勞，當不得一個矜字。彌天罪惡，當不得一個悔字。——弘一法師

做事情時立下了功勞，自己當然感到高興，這是人之常情，但一定不能居功自傲，到處炫耀，如此才能避免不必要的麻煩。如果不懂這個道理，將來必定後悔莫及。

法師摘錄這句話的目的就是提醒我們，做事要高調，做人要低調，居功不自傲，不炫耀。有些人不懂這些道理，立下功勞以後，往往覺得自己很了不起，生怕別人不知道，四處炫耀，不把別人放在眼裡。殊不知，這樣的做法隱藏著很大的危險。

在這個個性張揚的時代，每一個人都希望能突出自我。當你滿懷期望地在他人面前炫耀一下時，或許根本就沒有多少人理睬你、稱讚你，你所能得到的只是別人的嫉妒與冷嘲熱諷。如果你想贏得他人更多的愛戴與尊重，那麼你就應該努力地去給別人帶來幫助與快樂，而不要以一種炫耀的方式去刺激別人、傷害別人。

一個少年，擺出美味佳餚來宴請客人。一個道人入坐不久後，突然笑了起來，少年問他：「請問道長在笑什麼？」

他回答：「我看到五萬里外的山，山下有條河，有隻頑皮的猴子掉入水中，所以忍不住笑了。」

少年知道他在吹噓，也不說破，只讓人在其他客人的碗上盛滿各種好菜，卻將飯蓋在菜上端給他，因而他的碗中只見飯不見菜。

這位道人看了，發脾氣索性不吃了，少年問他為何不吃呢？他發怒瞪眼說：「碗裡沒菜，怎麼吃？」

少年反問：「你看得見五萬里外的猴子，怎不見眼前飯底下的菜呢？」

這位道人又羞又怒，趕緊跑了。

在生活中，有些人總認爲自己比別人技高一籌，事事比人強。他們總是喜歡把得意掛在嘴上，逢人便炫耀自己如何如何能幹，如何如何富有，完全不顧及別人的感受。甚至沒有顧及當時的聽者是不是正處在失意當中。他們誇誇其談後，總以爲能夠得到人的敬佩與欣賞，而事實上，別人並不願意聽你的得意之事，自我炫耀的結果往往會適得其反。

在別人面前炫耀，尤其在失意者面前炫耀你的得意，會讓對方認爲你炫耀自己的得意之事便是嘲笑他的無能，讓他產生一種被比下去的感覺，讓失意的人更加惱火，甚至討厭你。

一個人取得成績，首先可以肯定是自己努力的結果，但是也少不了別人的幫助。

你在炫耀自己的成績時，那麼，對幫助過你的人是一種傷害，你眼裡只有自己，而沒有別人，可以想像以後別人還會不會向你伸出援助之手。

山不炫耀自己的高度，並不影響它聳立雲端；海不炫耀自己的深度，並不影響它容納百川；地不炫耀自己的厚度，但沒有誰能取代它承載萬物；大自然從來不炫耀自己偉大，並不影響它孕育萬物。

深藏不露，是智謀。過分的炫耀自己，就會經受更多的風吹雨打，暴露在外的椽子自然要先腐爛。一個人在社會上，如果不合時宜地過分炫耀、賣弄，那麼不管你多麼優秀，都難免會遭到明槍暗箭的打擊和攻擊。時常有人稍有名氣就到處洋洋得意地炫耀，喜歡被別人奉承，這些人遲早是會吃虧的。所以在處於被動境地時一定要學會藏鋒斂跡、裝憨賣乖，千萬不要把自己變成對方射擊的靶子。

做人要低調，因爲低調是一種風度、一種修養、一種胸襟、一種智慧、一種謀略，是做人的最佳姿態。欲成事者必須要寬容於人，進而爲人們所悅納，所讚賞，所欽佩，這正是人能立世的根基。低調做人，就是要不喧鬧，不矯揉，不造作，不故作呻吟，不假惺惺，不捲入是非，不招人嫉，即使你認爲自己滿腹才華，能力比別人強，也要學會藏拙。

6 不斷調整自己的人生航向

當相即道，見處即真，會相歸性，無不融通。所有的工作若能配合覺性，則所有的工作皆是佛法。——鳥巢禪師

有些時候，我們可能正在做一件很熟悉且令人愉快的事。事情進展很順利，你的心情也異常輕鬆，覺得一切都很好。可是，一個偶然的現象或者一閃而過的某個念頭，突然使你想起了一件傷心的往事，你的心情在一瞬間便低落下來。接下來你的情緒越來越不好，心裡總是想一些令你感到失落的事。你想避開這種想法，可是不行，越是想忘掉的事，越是清晰、反覆地浮現在你的腦際。這時候，你手裡做的事隨之緩慢起來，手腳變得不聽使喚，明明很熟悉很簡單的事，你卻怎麼也做不好。

每個人都會遇到類似的狀況，在人的一生當中，更是經常出現這種莫名其妙的低沉、失落。有時它持續很長一段時間，甚至使你從此再也無法振作起來。很多人對此無可奈何，找不出原因是什麼。

但事實上，這種事並不奇怪，只是我們不大注意罷了。

爲什麼有些人一下子就消失得無影無蹤，有人卻經過多年之後仍舊保有其地位，依然才能出眾，備受矚目？他與其他人有何差異？是身體的構造不同？還是能在心

靈、精神、企圖心等方面，找出其間的差異？或者說，是一種保持狀態的能力在起作用？這正是我們應該注意的方向，也就是一個人內心的狀態以及進取心是很重要的。

以在法國科西嘉島上的貧困家庭出生的拿破崙為例，他擁有堅強不屈的意志，甚至能夠控制自己的肉體，視情況為需要調整睡眠時間。

但是，拿破崙後來也脫離現實，自認為已立於不敗之地，把自己看成了神。他忘記成功是由許多條件與歷史因素（亦即當時人們對革命的信仰、基層士兵的欲望、歐洲各國民心一致）所造成的，於是走向衰敗。如果他有更深的教養，能夠傾聽別人的聲音並加以反省，能夠不斷提醒自己不要陷於忘乎所以，或許就可以免於如此快速地走向沒落。

實際上，所有的人都是如此。我們每個人的內心深處都隱藏著想要解放的欲望，這正是驅使我們向前走的強烈動機。但是，我們一旦在事業、戀愛、藝術、學術等方面獲得成功，就容易忘掉是什麼原因或靠誰的幫忙才得以成功，就容易放鬆自己的進取心。

他們很滿足於已經取得的成績，認爲自己用不著再像從前一樣艱苦努力和辛勤勞作。因此他們開始講究享受，個性也變得狂傲不羈，頤指氣使，高高在上。但是這種日子不會持續太久，到他突然發現自己坐吃山空，需要重新創業時，他會驚慌失措，迫不及待地重操舊業。

顯然，這時候他們已找不到當初勁頭十足、遊刃有餘的感覺，做什麼事都會磕磕絆絆，極不順利。這當然是由於身心的懈怠所致。

善於調整自己的人不會允許自己出現這種鬆懈。不管取得了什麼樣的成就，他都能正確面對，心神寧靜。他不會為任何的成功沾沾自喜，忘記了追求成功的艱辛和困苦，也不會為一時的挫折垂頭喪氣，失去了重新戰鬥的勇氣。只有這種人，才不會被歷史的洪流所埋沒、沖走。

記得，要不斷調整自己的人生航向，使之在安全、正確的航道上高速前進，一直到達理想的彼岸。

7 不要憂慮超過我們能力的事

快樂不是來自我們擁有什麼，而是來自我們做了什麼。扯斷傷心的鐵鍊，斷然掙脫煩惱的人，必得享快樂。不要憂慮超過我們能力的事。——傳喜法師

很多人，一輩子在為一個大目標奮鬥，可到頭來不是依然在山腳下，就是在半山

腰，所謂的頂峰依然可望不可及。即便我們拼了老命達到了這個高度，那又怎樣？你的身後還有一大撥人前仆後繼，你在這個山頭會看到更高的山，你的心中又會爲征服另一個高度而躁動。

你這一輩子跋山涉水，似乎僅僅就爲一個高度而活，你在攀越時，是否留意你周圍那些美好的卻一瞬而過的風景？是否有人陪你一路攀越，你在這一路上留下的更多是歡聲笑語，無怨無悔，還是在更多時光裡產生高處不勝寒的感覺？孤獨寂寞無處訴說，你是孤膽英雄，可你的知己在哪裡？

如果有一天，無數人到達你的那個高度，與你比拼實力，當你無法抵擋，被人擠落下來後，你到底有多少承受能力？你有勇氣反敗爲勝、重整旗鼓嗎？假如你跌落得足夠深，摔得足夠重，你還拿什麼去追趕別人？

其實，靜下心來仔細想想，生活中的許多事情，並不是你的能力不強，恰恰是因爲你的願望不切實際。事實上，世間任何事情都有一個限度，超過了這個限度，好多事情都可能是極其荒謬的。

一個和尚，身著破衣芒鞋，雲遊四方，立志要當一名得道高僧。當他去化緣的時候，因為身上總是背著一個口袋，所以被人們叫做「布袋和尚」。

因為有一個口袋，別人以為裡面放的是他用的、吃的，所以一見口袋小了就一直不停地供養他。後來和尚嫌一個布袋不夠，就背了兩個布袋出門化緣。

有一天，和尚像往常一樣外出化緣，化得了兩大袋滿滿的食物。在回去的路上，因為布袋太重，就在路旁歇息打盹。茫然中，他彷若聽到有人對他說：「左邊布袋，右邊布袋，放下布袋，何其自在。」

他猛然驚醒，細心一想：我左邊背一個布袋，右邊背一個布袋，這麼多東西縛住自己，壓得我喘不過氣來，為什麼不放下呢？如果能夠全部放下，不是很輕鬆很自在嗎？於是，他丟掉了兩個布袋，幡然頓悟，就此得道。

我們應時常肯定自己，盡力發展我們能夠發展的東西，剩下的，就交給老天。只要盡心盡力，只要積極地朝著更高的目標邁進，我們的心中就會保存一份悠悠自得。從而，也不會再跟自己過不去，責備、怨恨自己了，因爲，我們盡力了。即便在生命結束的時候，我們也能問心無愧地說「我已經盡了最大的努力了」，那麼，你真正地此生無憾了！

很多時候，爲了成功，即使付出再大的代價，人們也在所不惜。然而誰都無法否認，成功的人都是努力的，但努力的人並不一定成功。更何況更多的時候，人們總是把遠大理想和欲望膨脹混爲一談。

尤其是在如今這個充滿更多機遇的時代，面對滿樹的紅蘋果，沒有人不躍躍欲試，沒有人不想把它們一一收入囊中。隨之而來的，自然是或欣喜，或抱怨，或抑鬱，或失常，或崩潰……所以哲人告訴我們：只摘搆得著的蘋果。

人生的高度一個又一個，它不是一尺，更不是一丈。不要太貪心，也不要太急促。設置你心目中合適的高度，快樂而充實的奮鬥。你不用急著第一個到達，也不要爲別人早到一步糾結鬱悶，更不要因爲別人超越你抓狂絕望。這個世界上不是所有人都比你強，也不是所有人都比你弱，你需要的僅僅是一份心安和平靜。

8 感恩一切福佑

世界上最大的悲劇和不幸就是一個人大言不慚地說：「沒人給過我任何東西。」——傳喜法師

生命的整體是相互依存的，每一樣東西都依賴其他東西。人自從有了自己的生命起，便沉浸在恩惠的海洋裡。

傳說，有個寺院的住持，給寺院裡立下了一個特別的規矩：每到年底，寺裡的和尚都要面對住持說兩個字。

第一年年底，住持問新和尚心裡最想說什麼，新和尚說：「床硬。」

第二年年底，住持又問新和尚心裡最想說什麼，新和尚說：「食劣。」

第三年年底，新和尚沒等住持提問就說：「告辭。」

住持望著新和尚的背影自言自語地說：「心中有魔，難成正果，可惜！可惜！」

住持說的「魔」，就是新和尚心裡沒完沒了的抱怨。這個新和尚只考慮自己要什麼，卻從來沒有想過別人給過他什麼。像新和尚這樣的人在現實生活中很多，他們這也看不慣，那也不如意，怨氣沖天，牢騷滿腹，總覺得別人欠他的，社會欠他的，從來感覺不到別人和社會對他的生活所做的一切。這種人心裡只會產生抱怨，不會產生感恩。

兩個行走在沙漠中的旅人，已行走多日，在他們口渴難忍的時候，碰見一個騎駱駝的老人，老人給他們每人半碗水。

兩個人面對同樣的半碗水，一個抱怨水太少，不足以消解他身體的饑渴，抱怨之下竟將半碗水潑掉了；另一個卻擁有一種發自心底的感恩，並且懷著這份感恩的心情喝下這半碗水。

結果，前者因為拒絕這半碗水死在沙漠之中，後者因為喝了這半碗水，終於走出了沙漠。

這個故事告訴人們，對生活懷有一顆感恩之心的人，即使遇上再大的災難，也能熬過去。感恩者遇上禍，禍也能變成福，而那些常常抱怨生活的人，即使遇上了福，福也會變成禍。

一個人只有真正明白了感恩這個道理，就會感恩大自然的福佑，感恩父母的養育，感恩社會的安定，感恩食之香甜，感恩衣之溫暖，感恩花草魚蟲，感恩苦難逆境，就連自己的敵人，也不忘感恩。因爲真正促使自己成功，使自己變得機智勇敢、豁達大度的，不是優裕和順境，而是那些常常可以置自己於死地的打擊、挫折和對立面。

挪威著名的劇作家易卜生把自己的對手、瑞典劇作家斯特林堡的畫像放在桌子上，一邊寫作，一邊看著畫像，從而激勵自己。

易卜生說：「他是我的死對頭，但我不去傷害他，把他放在桌子上，讓他看著我寫作。」

據說，易卜生在對手目光的關注下，完成了《社會支柱》、《玩偶之家》等世界戲劇文化中的經典之作。

人有了感恩之心情，人與人、人與自然、人與社會也會變得更加和諧，更加親切。我們自身也會因爲這種感恩心理的存在而變得愉快和健康起來，說它是滋潤生命的營養素，一點也不過分。

9 放棄無謂的固執

學會不作繭自縛，就是放下解脫的大智慧。——烏巢禪師

在人的一生中，要遇到許許多多的選擇，無奈的是往往魚和熊掌不可兼得。在把握命運的十字路口，審慎地運用你的智慧，做出最正確的判斷，放棄無謂的固執，冷靜地用開放的心胸去做正確的選擇。

一對師徒走在路上，一個徒弟發現前方有一塊大石頭，他就皺著眉頭停在石頭前面。

師父問他：「為什麼不走了？」

徒弟苦著臉說：「這塊石頭擋著我的路，我走不過去了，怎麼辦？」

師父說：「路這麼寬，你怎麼不會繞過去呢？」

徒弟回答道：「不，我不想繞，我就想要從這塊石頭上邁過去！」

師父：「可能做到嗎？」

徒弟說：「我知道很難，但是我就要邁過去，我就要打倒這塊大石頭，我要戰勝它！」

經過艱難的嘗試，徒弟一次又一次地失敗了。

最後徒弟很痛苦地說：「連這塊石頭我都不能戰勝，我怎麼能完成我偉大的理想？」

師父說：「你太執著了，對於做不到的事，不要盲目地堅持到底，你要知道有時堅持不如放棄。」

執著過了分，就轉變爲固執。時刻留意自己執著的意念，是否與成功的法則相抵觸；追求成功，並非意味著你必須全盤放棄自己的執著，而來遷就成功法則。你只需在意念上做合理的修正，使之符合成功者的經驗及建議，即可走上成功的輕鬆之道。

一個人理智地放棄他無法實現的夢想，放棄盲目的追求，是人生目標的重新確立，也是自我調整、自我保護的最佳方案。學會放棄，給自己另闢一條新路，往往會柳暗花明。

放棄，並不是讓你放棄既定的生活目標、放棄對事業的努力和追求，而是放棄那些已經力所不能及、不現實的生活目標。其實，任何獲得都需要付出代價，付出就是一種放棄。人在生活中需要不斷作出選擇，選擇也是一種放棄。

放棄不是退縮和隱藏，而是教你如何在衡量自己的處境後有的放矢，聰明睿智地作出正確的選擇。當人執拗於某一方面，如金錢、名譽、地位或某項工作時，往往會表現出只專注於此，而不考慮其他的情況。什麼都想要的人其實經常顧此失彼，甚至什麼也得不到。在現實社會中，誘惑實在太多了，在誘惑面前。我們只有著眼於大局，把握自己合理的欲望，適當放棄不合理的，對不應得的不存非分之想，才是明智的行為。

兩千多年前，魯國的大臣公儀休，是一嗜魚如命的人。他被提任宰相以後，魯國各地有許多人爭著給公儀休送魚。可是，公儀休卻正眼不看，並命令管事人員不可接受贈禮。

他的弟弟看到那麼多四面八方送來的活魚都被退了回去，很感可惜，就問他：「哥哥你最喜歡吃魚，現在卻一條也不接受，這是為什麼？」

公儀休很嚴肅地對弟弟說：「正因為我愛吃魚，所以才不接受這些人送的魚。你以為那幫人是喜歡我、愛護我嗎？不是。他們喜歡的是宰相手中的權力，希望這個權力能偏袒他們、壓制別人，為他們辦事。吃了人家的魚，就要給送魚的人辦事。執法必然有不公正的地方，不公正的事做多了，天長日久哪能瞞得住人？宰相的官位就會被人撤掉。到那時，不管我多想吃魚，他們也不會給我送來了，我也沒有薪俸買魚了，現在不接受他們的魚，公公正正地辦事，才能長遠地吃魚，靠人不如靠己呀！」

有一次，一個不知名的人偷偷往他家送了一些魚，他無法退回，就把魚掛在家門口，直到幾天後魚變得臭不可聞才把它們扔掉。從那以後，再也沒有人敢給他送魚了。

約束自己的得失之心，懂得爲自己的所作所爲負責，即使在無人知曉的情況下仍能自律的人，在人生道路上就能把握好自己的命運，不會爲得失越軌翻車。

放棄，未必就是怯懦無能的表現，未必就是遇難畏懼、臨陣脫逃的藉口。有時候，放棄恰恰是心靈高度的跨越，是睿智思索的最佳選擇。

能夠放棄一些東西，是人生的一道風景。有時，放棄就是一種高遠的目光，就是一種趨利避害，就是以退爲進、棄舊圖新。學會放棄，人生就會有一個更新、更高的目標。

第四章

善緣——心地清淨方為道，退步原來是向前

得饒人處且饒人

人多半無法跳出自己錯誤見解的束縛。一向懷厭惡心、排斥他人和破壞的批評，將會阻礙悟性的修持。——聖嚴法師

「忍一時風平浪靜，退一步海闊天空。」這並不是懦弱，也不是忍讓，而是寬容。在人際交往過程中，人與人之間的相處總會不可避免地發生一些摩擦，或因觀念的衝突，或因秉性的不和。所謂寬容，就是在別人和自己意見不一致的時候，也不要去勉強別人。

三國時期的蜀國，在諸葛亮去世後，蔣琬接任宰相的位置主持朝政。他的屬下有個叫楊戲的人，甚為蔣琬看重，但是楊戲性格孤僻，訥於言語。蔣琬與他說話，他也是只應不答。於是就有些別有用心的人，在蔣琬面前嘀咕說：「楊戲這人對您如此怠慢，太不像話了！」

蔣琬坦然一笑，說：「人心不同，各如其面，當面順從而背後非議，這是君子所不為的。楊戲要稱讚我，這又不是他的本意，要反駁我，又會表明我的錯誤，所以沉默不語。這正是他為人坦誠的表現。」

後來，有人讚蔣琬「宰相肚裡能撐船」。

其實任何的想法都有其來由，任何的動機都有一定的誘因。要想瞭解對方想法的根源，就得設身處地的爲對方好好想想。

寬容有時是一種幸福，那些缺少寬容的人，總是會爲了些許的瑣碎小事而耿耿於懷，稍不如意，便會拍案而怒，甚至對他人惡語相向。從此讓自己陷入了斤斤計較的泥潭，生活變得黯淡無光。

寬容又是一種生活的智慧，有時原諒別人的某些冒犯，並不會讓人覺得你軟弱，反而能夠贏得別人的尊重。這種寬容是一種博大的胸懷，是一種不拘小節的灑脫，也是一種偉大的仁慈。

「人非聖賢，孰能無過」，人與人之間難免有磕磕絆絆。一個斤斤計較、毫無雅量的人是不可能贏得別人信任的。當別人或有意或無意做出了傷害我們的事情的時候，若一定要睚眥必報，要別人加倍償還的話，恐怕是會大失人心的，這樣不懂忍耐，不懂寬容，看上去是報了仇，實際上害的還是我們自己。

春秋五霸之首的齊桓公若是沒有容人之量，將管仲殺死，就不會有後來的霸業；唐太宗若不是有容人之量，就不會有「貞觀之治」的盛世，更不會贏得「天可汗」的稱號。

推己及人，當我們與別人鬧矛盾的時候，站在對方的角度去想，就會多一份理解，矛盾也許就會自然消解；當我們想要傷害、報復別人的時候，站在對方的角度去想，就很有可能會打消這個念頭。在能夠原諒別人的時候原諒別人，甚至在不能原諒的時候也要原諒別人，這種忍耐之道，才是彌足珍貴的。

唐代有一位高僧受邀參加一場佛事，事後參加一位香客舉辦的素宴。席間，高僧發現在滿桌精緻的素食中，有一盤菜裡竟然有一塊豬肉，高僧的隨從徒弟故意用筷子把肉翻出來，打算讓主人看到，沒想到高僧卻立刻用自己的筷子把肉掩蓋起來。過了一會兒，徒弟又把豬肉翻出來，高僧再度把肉遮蓋起來，並在徒弟的耳畔輕聲地說：「如果你再把肉翻出來，我就把它吃掉！」徒弟聽到後，再也不敢把肉翻出來了。

宴後，高僧辭別了主人。歸途中，徒弟非常不解，問道：「師父，剛才那廚子明明知道我們不吃葷的，為什麼把豬肉放到素菜中？徒弟只是要讓主人知道這件事，處罰處罰他，誰叫他欺負我們。」

高僧說：「每個人都會犯錯誤，無論是有心的還是無心的。如果讓主人看到了菜中的豬肉，盛怒之下，他很有可能當眾處罰廚師，甚至會把廚師辭退，這都不是我願意看見的，所以我寧願把肉吃下去。」

一旦我們不能包容別人，硬碰硬地去處理問題，仇恨的種子就會紮根在心裡，隨時都有禍患可能降臨到自己頭上，導致自己陷入危機四伏的境地。只有用包容之心，原諒別人的錯誤，才能爲自己贏得和諧圓融的人際關係。

當我們壓制不住心中的怒火，想要採取極端的方式處理問題時，不妨多想一想。得饒人處且饒人是一種寬恕，也是一種博大的胸懷，一種不拘小節的瀟灑，一種偉大的仁慈。我們在這紛擾的世界裡，要活得瀟灑，就必須學會寬容。寬容，將使我們活得更加輕鬆，更加有意義。

乙 佛說原來怨是親

佛印的心寬遍法界，即心即佛。——《四十二章經》

「佛說原來怨是親」，縱使別人怨恨我們，我們都要拿他當自己的親人，都要感謝他。爲什麼呢？因爲沒有他人製造的「磨難」，我們的心就無從提高。

一位老人，為了讓兒子們多一些人生歷練，便對他的三個兒子說：「你們三人出門去，三個月回來，把旅途中最得意的一件事告訴我。我要看你們中哪一個所做的事最讓人敬佩。」之後，三個兒子就動身出發了。

三個月以後，三個兒子回來了，老人就問他們每人所做的最得意的事。

長子說：「有個人把一袋珠寶存放在我這裡，他並不知道有多少顆寶石，假如我拿幾個，他也不知道。等到後來他向我要時，我原封不動地歸還了他。」

老人聽了之後說：「這是你應該做的事，若是你暗中拿幾顆，你豈不變成了卑鄙的人？」長子聽了，覺得這話不錯，便退了下去。

次子接著說：「有一天我看見一個小孩落入水裡，我救他出來，他的家人要送我厚禮，我沒有接受。」

老人說：「這也是你應該做的事，如果你見死不救，你心裡怎能無愧？」次子聽了，也沒話說。

最小的兒子說：「有一天我看見一個病人昏倒在危險的山路上，一個翻身就可能摔死。我走上前一看，竟然是我的宿敵，過去我幾次想報復，都沒有機會。這回我要置他於死地可以說是不費吹灰之力，但是我不願意暗地裡害他，所以我把他叫醒，並且把他送回了家。」

老人不等他說完，就十分讚賞地說道：「你的兩個哥哥做的都是符合良心的事，不過你所做卻的是以德報怨，彰顯出良心的光芒，實在是難得。」

做該做的事，僅僅是不昧良心，但做到原來不易做到的事，卻顯出心胸的寬廣仁厚。常人要想成就一番事業，都得經過九九八十一難，更何況我們追求的心靈修行？

你若能悟，就能把加害、誹謗你的人當作親人。

學會寬恕別人的過錯，就是學會善待自己。仇恨只能永遠讓你的心靈生活在黑暗之中；而寬恕卻能讓你的心靈獲得自由，獲得解放。寬恕別人的過錯，可以讓你的生活更輕鬆愉快。

佛經中有句話說：「佛印的心寬遍法界，即心即佛。」這句話是號召僧眾要懂得寬恕，這樣才能具有佛心，求得佛果。

以德報怨，化敵爲友，這才是你應該對那些終日想要讓你難堪的人所該採取的上上策。當你的心靈爲自己選擇了寬恕別人過錯的時候，你便獲得了一定的自由。因爲你已經放下了責怪和怨恨的包袱，無論是面對朋友還是仇人，你都能夠報以甜美的微笑。佛法中常講究緣分，在眾生當中，兩個人能夠相遇、相識，那便是緣分。

當你因爲仇恨而與別人相識，不可否認的是，在你的心裡已經牢牢記住了對方的名字，如果你因爲整天想著如何去報復對方而心事重重，內心極端壓抑，那麼倒不如放下仇恨，寬恕對方。或許，因此你可以多一個可以談心的好朋友。

我們再恨的人，如果有一天能找回自己的本心，踏上修行之路，他所做的一切壞事，都會如同褲腳上的泥土一樣，抖一抖就全掉了。如果他真的能爲自己的錯付出足夠代價，老天都原諒了他，我們又有什麼可以責怪他的呢？

以德報怨，充滿愛的精神，我們才能找到心靈的家園。

3 人無私心便成佛

當你用平等心行使於世間，德行即隨之而來。佛魔體同，而最大的魔就是心不平等。心起還同心滅，學佛要進入空觀，一切法平等，不生不滅。——《白話百喻經故事》

如果別人沒有好好地對待你，那麼最有效的方式是：從自己方面找原因，你有沒有做一個公正的人？

《白話百喻經故事》上說，古時候的印度，人們拜神時，一般都殺動物當作祭品。他們認爲這些祭品可令神祇喜悅。於是神祇就答應人們的祈求，賜他們錢財，給他們的田地雨水。

佛陀無論到什麼地方去，都告訴人們說，以這樣的行爲犧牲動物是錯誤的。有些人聽他這麼說，就對佛陀發脾氣說：「據我們的經驗，殺動物來拜神，沒有什麼不對，你竟敢持不同的意見？」

佛陀回答：「損人利己是不對的，使人不快樂而使自己快樂是不對的。這是因爲每個眾生都想活命，就像你一樣。因此，你若殺一隻動物當祭祀品來拜神，你是個自私的人。我一再教人：自私的人不會有幸福。不但如此，神在幫助你之前，先要動物的血，那定不是仁慈的神，這種神就不值得拜。但，假如你對眾生慈愛，動物和人一樣平等無分別，神就會崇拜你！」

很多人聽了佛陀的智慧良言，知道佛陀的話很對。於是很多不幸的事被阻止了。

有一天，提婆達多生病。很多醫生來治病，但不能把他醫好。身為他的堂兄弟，佛陀親自來探望他。

佛陀的一個弟子問他：「您為什麼要幫助提婆達多？他屢次害你，甚至要把你殺死！」

佛陀回答說：「對某些人友善，卻把其他人當做敵人，這不合乎道理。眾生平等，每個人都想幸福快樂，沒有人喜歡生病和悲慘。因此我們必須對每一個人都慈悲。」

於是佛陀靠近提婆達多的病床，說：「我如果真正愛一直要害我的堂兄弟提婆達多，就像愛我的獨生子羅侯羅的話，我堂兄弟的病立刻會好。」不多久，提婆達多的病竟消失了，並慢慢地恢復了健康。

佛陀轉向徒弟說：「記住，佛對待眾生是平等的。」

除去私心，讓心靈的天空升起一輪慈悲的太陽。忘掉猜疑，忘掉嫉妒，忘掉仇恨，留下的是菩提花果。把他人的成功視為自己的勝利，你將永遠不會失敗；把他人的快樂當作自己的幸福，你將永遠沒有痛苦。原諒他人的錯誤，你會贏得更多的菩提。心，總是因爲有寬容，才有了清淨。

「人無私心便成佛」。無私是偉大的，一切自私的行爲在它的面前都會無地自容地退縮。無私是純潔的，能化解委屈冰凍的心靈，讓整個世界充滿暖融融的愛意。無私是真誠的，如果你肯這樣對待他人，也會得到他人同樣的回報。佛全是爲眾生，沒有一點私心，所以他對於一切人、事、物都看得很清楚。

私心是心靈的包袱，是人性的原始背叛。勇敢地拋棄它，你會感到一身的輕鬆、一生的寬容。只有除去私心，你才會有真正的瀟灑人生，一切煩惱自然就會煙消雲散。

人，無論是誰，都會有私心，這是人天性中的缺陷，但這種缺陷，並不是無藥可救的。我們應該懂得，仁愛應摒卻私心，自己對別人的態度，就是別人對自己的態度，善與愛無法共用的世界必是一片黑暗。

生命不是用來自私的，一個自私的人註定會傷害到自己，而一個樂於助人的人，反而會從別人那裡得到好處。把自私從你的心裡趕走，你的心中就會充滿光明。

假如別人不喜歡自己，那麼請不要去強迫別人喜歡，只有把自己變得更加完美，才能得到他們的青睞；如果不能說服別人，那麼請不要去埋怨對方的固執己見，只有把自己的口才發揮得更好一些，才能夠得到他們的認可；如果顧客對產品不滿意，那麼請不要責備顧客過於挑剔，將自己的產品再進行完善，才能得到他們的承認。

4 臨事須為別人想，論人先將自己想

魔的標誌就是「我對」，世間不少的錯誤和罪惡就是在「我對」的情況下產生的，在不知不覺中犯下的。──延參法師

弘一法師說：「臨事須爲別人想，論人先將自己想。」我們遇到事情時，不能只考慮自己的利益，而不考慮別人的利益，從而做出損人利己的事情。爲人處世要「有所爲，有所不爲」。一件事情到底該不該做，我們不能以是否對自己有利爲標準來判斷，也應該考慮到他人的利益。

有一個盲人走路的時候總是提著一盞燈，人們很不解，就問他：「你什麼也看不見，幹什麼還要提著一盞燈呢？」盲人笑笑說：「我雖然看不見，但是別人看得見啊！我為別人照亮了路，也可以減少別人撞到自己的機會啊。」

與人方便，與己方便。人不能只爲自己著想，爲別人點亮一盞燈，同樣也會照亮自己的路。

我們每個人都可以在爲自己照明的同時讓他人看見光明，儘管表面上看來我們並不需要這麼做。爲他人照亮道路並不是一件容易的事，許多時候我們不但沒有爲他人帶來光明，反而用自私、無情、仇恨和怨恨使別人的路變得更加黑暗。如果所有的人都能爲他人帶來光明，如果所有的人都點亮一盞燈，那麼整個世界將充滿光明！

「贈人玫瑰，手留餘香」，生活在這個世上，我們要學會爲他人點亮一盞燈。然而，當人們不再那麼需求彼此的時候，就開始變得自私自利，只想著爲自己做事。這就在人與人之間造成了深深的裂痕。人們在遵循叢林法則，互相拼鬥，鬧個至死方休的時候，卻沒有意識到，這會讓人類走向滅亡。只有學會爲他人點亮一盞燈，做事多爲他人考慮，人與人之間才能重新建立相互信賴、互相扶持的關係，只有這樣，人們才能創造更多的財富，才能各取所需。若是我們每個人都想著索取，而不願意付出，那麼其結果就是誰也無法得到。

有一天，驢子隨主人外出，結伴同行的是主人的狗。驢子外表神態莊重，但頭腦卻是空空一片，不想事情。半路上，主人因休息睡著了，驢子就趁機大嚼大啃青草，這塊草地的草特合它的胃口，驢子吃得還算滿意。

這時狗見驢子大嚼青草，感到腹中饑餓，就對驢說：「親愛的夥伴，我求你趴下身子來，我想吃麵包籃裡的食品。」但驢子只顧埋頭吃草，怕浪費了這大好時光，影響進餐。

驢子裝聾作啞好一陣子，總算開口回了話：「朋友，我還是勸你等等看，待主人睡醒後會給你一份應得的飯，他不會睡得太久的。」

就在這時，一隻餓極了的狼從村莊裡跑了出來，驢子馬上叫狗來驅趕，這時狗也不願動，回敬道：「朋友，我勸你還是快跑吧，等主人醒了再回來。他不會讓你等多久的！假如狼追上了你，你就用主人新給你裝上的蹄子狠勁地踢，踢碎他的下巴……」

就在狗還在說這些風涼話的時候，狼已經把驢子咬死了。

許多人活一輩子都不會想到，自己在幫助別人時，其實就等於幫助自己。因爲一個人在幫助別人時，無形之中就已經投資了感情，別人對於你的幫助會永遠記在心裡。

秋天到了，到了豐收的季節，山裡的果樹每一棵都結滿了果實。一隻小刺蝟在山裡漫步，牠走了很長時間，於是在一棵蘋果樹下休息。

望著蘋果樹上又紅又大的蘋果，小刺蝟垂涎三尺，但是牠卻搆不到，只能吃那些掉落在樹下的壞蘋果。小刺蝟很想嘗嘗新鮮的蘋果是什麼滋味。

這個時候，一隻山羊走了過來，牠看見小刺蝟在怔怔地發呆，於是就問：「你在這幹什麼呢？」

刺蝟說：「我在想怎麼能夠搆到樹上新鮮的蘋果。」

山羊聽了後想：「我也想吃蘋果，但是如果我用角把蘋果頂下來，還是會在地上摔壞的，該怎麼辦呢？」

牠們兩個望著蘋果樹一起發起了呆。

過了一會，小刺蝟說：「我有辦法了，你用你的角把蘋果頂下來，我在下面接著不就行了。」山羊一聽這是一個好辦法。於是牠們都嘗到了新鮮水果的滋味。

如果我們願意主動分一杯羹給別人，那麼我們也可以喝到；如果我們不願意，那麼勢必會因爲爭奪而將羹翻倒在地。如果人人都在爭奪一件東西，那麼這件東西註定誰也得不到。得與失的界限沒有那麼明顯，我們在這裡失去了，肯定會在其他地方找回來。

人的美德莫過於在自己通過一扇門之後，主動將門打開，讓其他人也進來。如果我們存有私心，將大門關閉，將其他所有的人都擋在門外，那麼我們會發現門內的路崎嶇難行，沒有別人的幫助，自己根本無法行進。而當我們想要轉身退出的時候，我們會發現，大門已經被別人在外面鎖上。人與人之間只有相互幫助，人生道路才能走得更順暢。

5 樂道人善，學會欣賞別人的長處

喜聞人過，不若喜聞己過；樂道己善，何如樂道人善。——弘一法師

世界上沒有完美的事物，也沒有完美的人，每個人都有長處和短處。如果只盯著別人的短處看，只會越看越一無是處。學會欣賞別人的長處，包容別人的短處，離成功就不遠了。

有一隻羊和一隻駱駝是好朋友，牠們一個高，一個矮。

有一天牠們一起去公園裡玩，說著說著就談起高好還是矮好的問題。

駱駝說：「當然是高好，你看，再高的樹葉我也能搆得著。」說完，牠抬頭就吃了一口樹葉，羊伸長脖子卻怎麼也搆不到一片樹葉。

羊不服氣，走到公園的一個柵欄門口，羊一拱身子就進去了，一邊吃起裡面的青草一邊說：「還是矮好吧，你看，這裡的草多嫩啊。」

駱駝趴下身子，使勁往裡鑽，也沒能夠吃到裡面的青草。牠們互相不服氣，後來一起找到了老牛評理。

老牛說：「高有高的好處，矮有矮的好處，我們不能只看到自己的長處，

看不到別人的優點。」羊和駱駝這才明白，尺有所短，寸有所長，發現別人的長處、優點，才能取長補短，做好事情。

一個善於欣賞別人長處的人，會不知不覺地成爲一個胸懷寬廣的人，成爲一個好學上進的人，成爲一個熱忱友善的人，成爲一個受人歡迎擁有許多朋友的人。要多欣賞別人的長處，少指責別人的不足，要學會用別人的長處來彌補自己的短處。

要真誠地去觀察身邊每個人的長處，和大家在一起的時候，觀察到這些長處後要去欣賞對方。從社會心理學的原則上來說，你喜歡、欣賞別人，別人才會反過來欣賞你、接受你，但前提是你要用真誠的眼光去觀察別人。只有學會欣賞別人的長處，才能與別人友好相處。

有人曾問美國著名的鋼鐵大王卡內基，如何與那些有缺點的人相處。卡內基回答：「很簡單，只需盯住他們的優點，並努力忘卻他們的缺點。」

有人不理解，卡內基又形象地說：「與人相處，就像挖金子。如果你想要挖出一盎司的金子，就要挖出成噸的沙子。可是你在挖掘的時候，你關注的焦點是什麼？你只是想得到一盎司的金子，並不想要那成噸成噸的沙子，但你不能嫌棄這些沙子，因爲金子就藏在其中。同樣道理，與人相處，是爲了從別人那裡學到一些東西，如果你想要在人和事身上尋找缺點和錯誤，你會極其容易地找到許多，喜歡挑剔的人，即使在天堂裡也能隨時找到毛病。你必須清楚，你要尋找的是什麼。」

一個窮困潦倒的青年流浪到巴黎，他期望父親的朋友能幫助自己找到一份謀生的差事。

「精通數學嗎？」父親的朋友問他。

青年搖搖頭。

「歷史、地理怎樣？」

青年還是搖搖頭。

「那法律呢？」

青年窘迫地垂下頭。

「那你先把住址寫下來吧。」

青年寫下自己的住址，轉身要走，卻被父親的朋友一把拉住了：「你的名字寫得很漂亮嘛，這就是你的優點啊，你不該只滿足找一份糊口的工作。」

數年後，青年果然寫出享譽世界的經典作品。他就是家喻戶曉的十八世紀法國著名作家大仲馬。

欣賞別人的長處是免費的，但它卻價值連城：可以點燃他人的夢想，會讓他人發現一個全新的自己，被欣賞者會產生自尊之心，奮進之力，向上之志。學會用一雙發現美的眼光，去挖掘別人的長處和優點，並加以讚賞。

學會欣賞別人的長處，你發現每個人都有可愛的地方；學會用欣賞的目光遙望世界，你會發現許多突然的美好。學會欣賞別人的長處，會使我們的胸襟更加博大，生命中也會出現更多的美麗與驚喜。

6 眾生都是我們的榜樣

傲慢其實是我們求知路上最大的障礙。因為傲慢，我們看不見別人的長處，因為傲慢，我們看不見自己的短處，因為傲慢，我們不屑於向別人學習，因此，我們也就無法進步了。——弘一法師

古人說過：「馬看不見自己的臉長，羊看不見自己的角彎。」意思也就是說，有些人總是看不到自己的缺點，總是拿自己的長處比別人的短處，沉浸在自我構建的虛妄世界裡自我陶醉而無法清醒。

弘一法師說：「眾生都是我們的榜樣，世界就像是一面鏡子，可以照出我們最原始的模樣。而這面鏡子能幫助我們時刻檢討自己，認真看待自己。重要的是，我們通過照鏡子，能夠擁有一顆開放的心，能夠聆聽到更多的聲音。若是我們常常將心封閉起來，懂得再多的道理也是無用的，因爲心是閉塞的，你就無法領悟真理，而真理在

日常生活中最易得到。」

一位得道高僧曾在禪師處參學，他是個極為聰慧伶俐的人，禪師很喜歡他，沒過多久就選他做了自己的侍者。

這天，高僧路過禪師的禪房時，忽然聽到禪師喊了自己一聲：「遠侍者！」他連忙走進禪房，聽到禪師問他：「是什麼？」

高僧不知道禪師的意思，覺得納悶，冥思苦想，不知道禪師為什麼問這句話。

此後，高僧總能聽到禪師對他喊道「遠侍者」，他剛答應一聲，禪師就會問他：「是什麼？」

十八年後，高僧終於有所領悟了。

某一天，高僧決定向禪師辭行，去其他的叢林古剎進行參學。這時禪師對他說：「現在，請你回答我一個問題，如果你能回答得出來，就可以走了。」

高僧說：「請禪師發問吧！」

禪師問他：「佛經上有云『光含萬象』，你可知道這句話是什麼意思？」

高僧想了想，正想與禪師討論一番，禪師制止他說：「我看，你還是再住些日子吧。」言下之意，是覺得他的修行還不夠。

高僧便又住了三年，終於在禪師的指點下得悟大道，此後回到家鄉的寺廟住下，造福一方，這一住就是四十年，直到他八十多歲。

某天，他向徒弟辭行說：「老僧雲遊去也！」

他的徒弟吃驚地問：「師父，您已經八十歲了，雲遊還能到哪裡去呢？」

高僧笑道：「大善知識來去自由，你還……不懂。」又在禪房對眾人說：「老僧歷經四十年方才打成了一片啊。」說完便圓寂了。

所謂看得到與看不到，聽得到與聽不到，都不是三言兩語可以說清的，佛經上所言皆是真言，但要真正得悟大道，卻不是一朝一夕的修煉可以辦得到的。

殊不知，眾生有多麼廣闊，萬籟聲音有多麼深遠，想要在片刻之間領悟高深的佛法真諦，尋找捷徑是不行的，一切頓悟都是從最初的聆聽開始的，聆聽的心思不靜、不沉，聽到的聲音便只能停留在表象，不能深入到我們的心裡，形成充沛的人生養料。

弘一法師主張「觀天地生物氣象」是將他自身的體悟融滙在了佛經之中，我們在生活中能看到的日月更迭、四季變化都是自然規律，也是參悟佛法最初的起點。萬物都有它們的表象與內在的本質，有時就是要從簡單平凡的事物表象中，體會到其內在蘊涵的深刻道理，從而更好地把握我們面對他人的態度、行爲。

通過聆聽與省悟，來學習聖賢對於萬事萬物的慈心、氣度，需要達成的是一個循序漸進的過程。這個過程沒有固定的時間或期限，全看個人修行與悟性，當然我們首先要做的就是把心打開，這一點看似容易卻是最爲困難。正所謂「一葉障目，不見泰山」，很多人眼睛雖然沒有被遮住，但心卻被蒙蔽了，不懂省察自己，看不到自己的不足之處，也難以發現他人的優點與長處。永遠將自己困在那一方小世界中，看不到外面的天地有多大。

「大善知識來去自由」是潛藏在我們身邊的大智慧，只要心敞開了，對眾生敞開了，對萬事萬物敞開了，你能聆聽與學習的管道也就多了，不一定需要走到很遠的地方，即使坐在原地，即使每日看著窗外的樹葉與落日，也能有所體悟。

7 有罪當懺悔，懺悔則安樂

即須常常自己省察，所有一言一動，為善歟，為惡歟？若為惡者，即當痛改。——弘一法師

有句話說得好：修行很重要的是懺悔改過，人非聖賢，孰能無過，過而能改，善莫大焉！佛家認爲一個人在前世或今生中，都做過一些錯事或犯過種種罪惡，爲了減輕及消除修道的障礙，要在佛前承認自己的錯誤。

懺悔對生活有現實的意義，承認自己的錯誤，知道偷盜、邪淫、殺生是罪惡，對人生是有害的，一心發願改過。有的人通過懺悔，喚醒自己的良知，重新做人。即是

秋去冬來，不知不覺又到了歲末。佛陀讓弟子們在祇園精舍的庭園中豎起一根大鐵柱。弟子們雖然不明白佛陀的用意，但還是照辦了。

在新年的前夜，佛陀叫來阿難，請他先去沐浴，然後換上一件新袈裟。等阿難梳洗完後，穿著新裝再次來到佛陀面前時，佛陀慈愛地對阿難說：「阿難！我要請你幫我做一件很重要的事。」

阿難急忙問：「世尊，您要我幫您做什麼事？」

佛陀微微一笑，指著那根豎立在不遠處的鐵柱對阿難說：「你去敲一敲那根鐵柱，一定要用力地敲、使勁地敲。」

阿難點頭答應後就匆忙走到那根鐵柱旁，他拾起地上一塊堅硬的石頭，對著那根鐵柱先試著比劃幾下，隨後用力敲了一下。

猛然間，那根鐵柱發出極響亮的聲音，這聲音幾乎傳遍整個舍衛國，連地獄裡的餓鬼和畜生道的畜生們也都聽見了。更奇怪的是，大家聽到這聲音後，所有的痛苦、煩惱都消失了。無論罪人、餓鬼或畜生都不再有痛苦和煩惱。這些是阿難在敲擊鐵柱前並沒有想到的，事實上，連阿難自己也被聲音震撼了。

這聲音將在僧房中休息的比丘們召喚出來，他們都彙聚到講經堂。

佛陀對他們說：「眾位弟子，明天就開始新的一年，大家都學習一年的佛法了。現在你們應該反省一下自身，我也同樣需要反省。你們兩人一組，各自向對方檢討自己的過失，並要對自己所犯的過失做出懺悔，使自己的身心清淨不染雜念。」

所有弟子都遵從佛陀的吩咐，兩人一組，認真檢討自身，懺悔後重新回到自己的座位上。

這時候，佛陀慢慢從自己的座位上站起來，開口說道：「剛才你們大家都檢討了自身，並為自己的過失做了懺悔。我剛才說過，我也同樣需要反省。」

佛陀停了一下，又再接著說：「其實我沒有做錯任何一件事，也沒有任何過失，但是為了訓誡你們，我也要做出反省，檢討自身。」緊接著，佛陀向大家做了懺悔，隨後才又坐了下來。

弟子們一見佛陀沒有任何過失，也檢討了自身，覺得自己還反省得不夠，於是都學著佛陀的樣子向所有在座的弟子們做了懺悔。

這一天中，有一萬個比丘感受到佛義，消除了一切雜念，另有八千比丘修成了阿羅漢。

懺悔不但是一種勇氣，更是認識罪業的良心，是去惡向善的方法，是淨化身心的力量。懺悔，不僅是流露自己內心的歉疚和羞愧，更是展示生命的純潔與無染。把塵埃與虛飾一同拂去，恢復一個「本真」的自己。

佛陀說：「有罪當懺悔，懺悔則安樂。」曾子也說：「吾日三省吾身。」所以我們首先要承認自己不是一個完美的人，我們的人生是一種有「缺陷」的人生；其次，能夠真正反思自己、反省自己，能夠在日常生活裡保持一顆警覺的心，改正自己的錯誤，和那灰色的過去說「永別」，不會重蹈覆轍。

人，是很容易犯錯誤的，關鍵在於我們能不能正視自己的錯誤與過失。理性地分析自己的過錯，在我們的內心世界裡，能夠真正明白什麼是對的，什麼是不應該做的。最後，我們能夠勇敢地承認錯誤，改正錯誤，安安心心地走在明天裡，能夠過著無悔的人生。

以前，有一個負責地方錢糧徵收的官吏叫趙玄壇，他為人歹毒，每到一戶人家，就要該戶殺雞給他吃，不然，就要多收錢糧，並拳腳相加，百姓對他敢怒不敢言。

一天，他來到一戶人家，要求殺雞給他吃，可是該戶人家只有一隻母雞帶一窩小雞，他認為母雞無法吃，只好作罷。

這戶人家就煮竹筍給他吃，竹筍下鍋的時候，母雞飛上風爐，將鍋打翻，趙玄壇想吃筍也不成，母雞也被火燒去了許多雞毛。趙玄壇非常納悶，問主人家筍從哪弄來的。主人家帶他來到挖筍的竹林，找到了出筍的地方，只見一條蘄蛇（本地最毒之蛇）盤在原處。

他當即淚雨如飛，對天而跪，仰嘆道：「天要亡我，又何救我！」原來，老天派出蕲蛇來咬竹筍，噴上毒液，欲置他於死地，可母雞不計前嫌，大仁大義，奮不顧身救了他一命。

從此以後，他辭去了錢糧官一職，決心遁入空門，修心為善。

他來到一個小庵，庵中有一老和尚，非常清貧，對徒弟也非常嚴格，規定需七天才燒一次飯，七天只能吃一餐，趙玄壇就這樣跟著師父度過了二十一年，嚴守清規，替周圍的村民做了不少好事。

一天早上，到了做飯的日子，由於多日未生火，已無火種，他只好去借火種。來到方山嶺村，由於多日未吃飯，村民看到趙玄壇身體虛弱，便給了他一團糯米飯，並借給他火種，讓他帶回廟裡去。

但他首先想到老和尚已多日未吃，快要餓死了，就快步返回，當他在近庵處，忽然見一隻老虎撲面而來。他平靜地對老虎說：「畜生，汝若食我即張嘴，待將飯食與了師父，自會鑽入汝之大口。」

虎搖頭，又說：「畜生，汝若作我之坐騎即伏，待將飯食與了師父，即來騎。」當即，虎伏下，點頭。趙玄壇快速將糯米飯給了師父，並生了火，來到老虎身邊，騎上了老虎。

頓時，霧氣騰升，光芒四射，老虎騰空而起，升入天空，爾後，不見蹤影。其師父來到門外，對著天空說：「阿彌陀佛！終於度你成佛了。」

「放下屠刀，立地成佛」、「苦海無邊，回頭是岸」……這些佛教用語說明：一個人犯了錯誤並不可怕，只要其真心悔改，仍然是好事。人非聖賢，孰能無過。有了過錯，正確的態度應該像弘一法師指出的「過要細心檢點」。孔子也說：「過則勿憚改。」一個有道德的人，不怕公開承認自己的錯誤，因為他有公開改正自己錯誤的勇氣。這不僅不會降低自己的威信，反而會提高威信，贏得人們的愛戴。

一個人能認識到自己的錯誤，只要能決心改正過來，他心中還是有善的存在的。人不怕犯錯，就怕不改，一個冥頑不靈、知錯不改的人，永遠受人們唾棄。一個改正自己錯誤的人，能減少內心的煎熬與煩惱，從而內心平靜，於身心都有益處。

8 不知道怎麼做時，就以善良的發心去做

一個人做了心安理得的事，就是得到了最大的酬報。一事不可放過；一念不可放過；一時不可放過。——無德禪師

迷惑時怎麼判斷下一步呢？佛家教給我們一個非常重要的行為準則：止於至善。就是說，自己要判斷一下，我們在做的這件事究竟有什麼意義，目的是不是純善，方

法是不是合乎人道。如果我們以善良的心做事，就一定能判斷出這些行爲的後果。

也就是我們在迷惑的時候，一切都要從好的方面去想，不知道該怎麼做的時候要從好的方面去做，這是能夠引導我們做對事情的方式。

孟子見齊宣王，孟子給齊宣王講王道。

孟子說：「你有一次坐在廟堂上面，有一個人牽了一頭牛經過下面，被你看見了，問他把牛牽到哪裡去。他告訴你是牽去殺了取血塗鐘（古代鑄鐘要用畜牲的血去塗祭）。然後你就命令把那頭牛放了，你說看到那頭牛發抖的樣子，像一個沒有犯罪而被送去殺頭的人，十分可憐，實在不忍心殺他。於是那個牽牛的人向你請示，是不是新鑄的鐘不必再塗牲血了。當時你又說，這怎麼可以不塗血呢？另外換一隻羊好了。」

齊宣王說：「我正是因為不忍心看那頭牛被殺的樣子，所以才換成羊。」

孟子接著說：「可是羊同樣是一個生命啊，一隻羊和一頭牛有什麼區別呢？」

齊宣王頓時很困惑，他說：「是啊，先生，這該怎麼辦呢？羊也死了啊。」

孟子說道：「當時你只看到牛發抖，沒有看到羊流淚。你作為一個君子，只願意看到禽獸活生生的樣子，不忍心看到牠被殺的慘狀。如果聽到牠們被殺的慘叫聲，就不忍吃他的肉了。君子遠離庖廚，有了這種善就是王道。」

在歷史上，有不少帝王聖賢，如堯、舜、禹、湯、文王、武王、周公、孔子，乃至於齊桓公、晉文公這些人，他們在思想上、功業上，之所以能夠大大地超越別人，使他人望塵莫及，並沒有什麼其他特別的本領，他們不過善於推廣他們的仁心，用善對待每一個人。」

劉備臨死前曾告誡他的兒子劉禪，要「勿以惡小而爲之，勿以善小而不爲」。這是流傳千載的至理名言，對幫助人們立身處世十分重要。

有一次，弘一法師到豐子愷家。豐子愷請他籐椅裡就座。他先把籐椅輕輕搖了搖，然後才慢慢地坐下去。

他每次都如此，豐子愷很疑惑，就問他原因。

弘一法師回答說：「這椅子裡，兩根籐之間，也許有小蟲伏著。突然坐下去，會把牠們壓死，所以先搖動一下，慢慢地坐下去，好讓牠們逃走。」

弘一法師的這種慈悲真可謂「至善」，有如此心境，令人動容。

「善」就是佛家所講的「慈悲」，它是一種行爲準則，也是一種心中的境界，把這種觀念放在心中，能夠讓我們在生活裡更好地爲他人服務，更好地讓自己的慈悲與善開花結果，生活得更加幸福。「至善」這兩個字能夠幫助我們做出最有人情味的判斷。

9 修好自己的口業

言談悅人心，是為最吉祥。——《吉祥經》

每個人都有著自己既定的立場，也因此而習慣於執著在本身的領域當中，忘卻了別人也和自己一樣，有著他自己特殊的一面，永遠不要用自己的思維去審視別人，更不要用我們的想法去評價別人。

《伊索寓言》中有句名言：「世界上最好的東西是舌頭，最壞的東西還是舌頭。」中國還有句諺語：「背後罵我的人怕我；當面誇我的人看不起我。」因此，人要懂得「禍從口出」的道理，管住自己的舌頭。

范雎在衛國見到秦王，儘管秦王求教再三，他都沉默不語；諸葛亮在荊州，劉琦也是多次請教，諸葛亮同樣再三不肯指點。最後到了偏僻的一座閣樓上，上了樓梯，范雎和諸葛亮才分別對秦王和劉琦指明今後方向，所以歷史上的「去梯言」，就表示慎言的意思。

艾子發高燒，夢遊陰曹地府，正見閻羅王升堂問事。有幾個鬼抬上一個人，說：「這人在陽世，幹盡了缺德事。」

閻王命令道：「用一百億萬斤柴火燒煮。」馬面鬼上來押解。

那人私下裡探頭問馬面：「你既然主管牢獄，為何穿著這麼破爛的豹皮褲子呀？」

馬面說：「陰間沒有豹皮，如果陽間有人焚化才能得到。」

那人立即說：「我姑姑家專門打獵，這種皮多著呢。如果你肯憐憫我，減少些柴火，我能夠活著回去，定為你焚化十張豹皮。」

馬面大喜，答應減去「億萬」兩字，煮燒時也只是形式而已。

待那人將歸時，馬面叮囑道：「可千萬不要忘了給我燒豹皮呀！」

那人回頭對馬面說：「我有一詩要贈送給你：馬面獄主要知聞，權在閻王不在君。減扣官柴猶自可，更求枉法豹子皮。」

馬面大怒，把他又投入滾沸的水鍋裡，並加添更多的柴火煮了起來。

艾子醒後，對他的徒弟們說：「必須相信口是禍之門啊！」

由此我們知道，一個理智成熟的人知道什麼話該說，什麼話不該說；有些話，什麼時候該說，什麼時候不該說。嘴巴，可以是吐放劇毒的蠍子，令人生畏遠避，也可以像柔軟香潔的花蕊，散發清香和喜悅，爲人間帶來翩翩的彩蝶。《吉祥經》就說：「言談悅人心，是爲最吉祥。」爲我們的嘴巴灑幾滴馨香的甘露吧，讓它行列井然，終日吟詠快樂，生活在美妙的歡樂園中。

TIPS

心理測試：你的寬容度是多少？

寬容是指對他人的利益、信仰、行為習慣及不同於自己或傳統的觀念持一種仁慈諒解的態度。寬容的反面是懷恨，它會造成人的內心衝突和思想壓力。下面有個簡單的測驗可以幫助你確定自己是否屬於一個容易記仇的人。做法是：請根據實際情況，選擇「經常」、「有時」和「很少」這三個答案中的一個填入每題後的括弧內，並根據得分進行分析。

1. 你是否一想起很久以前感情上的傷害就忿忿不平？（　）
2. 你是否嘲笑或貶低與你意見不一致的人？（　）
3. 你是否特別留意別人是支持你還是反對你？（　）
4. 你是否因為一點頭痛以及身體其他部位的無關緊要的疼痛就痛苦不安？（　）
5. 晚上躺在床上你是否會回想白天與人發生爭執的情景？（　）
6. 同學是否指責你過分敏感？（　）
7. 你是否認為有必要對傷害你的人進行報復？（　）
8. 你能原諒對你態度很壞的人嗎？（　）
9. 你是否感到你在家裡或學習上所付出的努力沒有得到應有的回報？（　）

【答案及說明】

選擇「經常」的得三分，選擇「有時」的得兩分，選擇「很少」的得一分。

得九至十五分，說明你是一個特別寬宏大量的人，很少因為感情上受到的傷害而煩惱。由於你寬宏大量的性格，使你很樂於與朋友友好相處。

得十六至廿一分，表明你既不是一個特別寬宏大量的人也不是一個容易記仇者，當你發現自己滋生了有害的情緒時，你通常可以在它爆發之前就克服它，使你不至於沉緬於無法解脫的沮喪和懷恨的情緒之中。

得廿二至廿七分，那麼你可能是一個容易記仇的人，採取不公正的態度是你煩惱的根源。你要學會原諒別人，否則你的身心健康將受到損害。

要使自己成為一個寬宏大量的人，請記住以下幾點：

（1）想一想你和現在記恨的那個人在一起的愉快時刻，回憶一下他過去曾經對你的幫助，這將有助於你下決心消除你們之間的隔閡。

（2）別忘了當你做錯事的時候，別人給你改正的機會，你也要像別人那樣寬以待人。

（3）認識到懷恨只能對自己有害，原諒他人和忘記怨恨，將會使你愉快起來。

（4）冷靜地對待你記恨的人，他也許不是有意的，如果你以平靜、和緩的態度處理你們之間的矛盾，問題是很可能得到解決的。

第五章

喜緣——以歡喜的心想歡喜的事

厭惡苦，並無法驅走苦

沒有經歷過挫折的人，不能算是真正活過。不要詛咒腳下的污泥，因為它能提醒你走路小心。風雨帶給人災難與毀滅，但也帶給人重新整建的契機。——弘一法師

弘一法師介紹佛學時說：「這個世界上充滿缺憾，甚多苦難，而人與一切眾生不但能忍受其缺憾與許多的苦難，而且仍有很多的人們孜孜向善，所以值得讚嘆，如果世界上沒有缺憾與苦難，自然分不出善惡，根本也無善惡可言，那應該是自然的完全為善，那就無可厚非，無所稱讚了。」

大哲學家尼采說過：「受苦的人，沒有悲觀的權利。」已經受苦了，為什麼還要被剝奪悲觀的權利呢？因為受苦的人，必須克服困境，悲傷和哭泣只能加重傷痛，所以不但不能悲觀，而且要比別人更積極。

任何一條通向成功的道路都不會是一帆風順、平平坦坦的，都或多或少地存在些曲折，人們在一次又一次的跌倒之後才能找到成功的出路。

生活中，每個人都會面臨失敗的考驗。成功者也會失敗，但他們之所以是成功者，就在於他們失敗了以後，不是為失敗而哭泣流淚，而是從失敗中總結教訓，並勇敢

地站起來，再接再厲。

可失敗者則不然，他們失敗之後，不是積極地從失敗中總結教訓，而是一蹶不振，始終生活在失敗的陰影裡。他們可能也會總結，但他們的總結只限於曾經失敗的事情。「我當初要是不那麼做就好了」，「開始我要是如何做就不會失敗了」，或會找出種種藉口為自己的過錯去開脫責任。

如果你只是一味地自責、懊惱，活在失敗的陰影裡，實際上只會徒勞傷神、於事無補。

英國生理學家謝靈頓年輕時曾不務正業，人們稱他「壞種」。開始，他並不以為恥，毫無悔過之心。可是有一次，他向一位他深深愛慕的女孩求婚時，女孩說：「我寧願投河淹死，也絕不嫁給你！」

謝靈頓因此無地自容，羞愧萬分，但他從此幡然悔悟。他發誓：「將要以輝煌的成就出現在人們面前。」於是，他懷著發憤的志向，悄悄離開了那位姑娘。

由於他刻苦鑽研，在中樞神經系統生理學方面碩果累累，先後在英國多所名校任教，並於一九三二年獲得諾貝爾生理學、醫學獎。

成功的人，不一定是智商很高的人，而是在犯錯誤之後能認識自己的錯誤，並積極地抓住機遇，去開拓屬於自己的目標的人。成功和失敗之間，往往只有一紙之隔。

如果你能正確地認識到自己的不足，並加以改正，最後的勝利就一定會屬於你。

大部分人在一生中都不會一帆風順，難免會遭受挫折和不幸，但是成功者和失敗者非常重要的一個區別就是：失敗者總是把挫折當成失敗，因而每次挫折都會動搖他勝利的信念；成功者則從不言敗，在一次又一次的挫折面前，他總是對自己說：「我不是失敗了，而是還沒有成功。」一個暫時失利的人，如果繼續努力，打算贏回來，那麼他今天的失利，就不是真正的失敗。相反地，如果他失去了再戰鬥的勇氣，那就是真的輸了！

美國著名電臺廣播員莎莉・拉菲爾在她三十年職業生涯中，曾經被辭退十八次，可是她每次都放眼最高處，確立更遠大的目標。最初由於美國大部分的無線電臺認為女性不能吸引觀眾，因此沒有一家電臺願意雇用她。

她好不容易在紐約的一家電臺謀求到一份差事，但不久又遭辭退，說她跟不上時代。莎莉並沒有因此而灰心喪氣。她總結了失敗的教訓之後，又向國家廣播公司電臺推銷她的節目構想。電臺勉強答應了，但提出要她先在政治台主持節目。

「我對政治所知不多，恐怕很難成功。」她也一度猶豫過，但堅定的信心促使她去大膽地嘗試了。她對廣播早已經輕車熟路了，於是她利用自己的長處和平易近人的性格，大談即將到來的七月四日國慶日對她自己有何種意義，還請觀眾打電話來暢談他們的感受。聽眾立刻對這個節目產生興趣，她也因此而一舉成名了。

如今，莎莉已經成為自辦電視節目的主持人，並曾兩度獲獎。她說：「我曾被人辭退過十八次，本來可能被這些厄運嚇退，做不成我想做的事情。結果正好相反，我讓它們鞭策我勇往直前。」

有些人總把眼光拘泥於挫折的痛感之上，他就很難再抽出身來想一想自己下一步如何努力，最後如何成功。一個拳擊運動員說：「當你的左眼被打傷時，右眼還得睜得大大的，這樣才能夠看清敵人，也才能夠有機會還手。如果右眼同時閉上，那麼不但右眼也要挨拳，恐怕連命都難保！」拳擊就是這樣，即使面對對手無比強勁的攻擊，你還得睜大眼睛面對受傷的痛楚，如果不是這樣的話，一定會失敗得更慘。其實人生又何嘗不是這樣呢？

在冰天雪地中歷險的人都知道，凡是在途中說「我撐不下去了，讓我停下來喘口氣」的同伴，很快就會死亡，因爲當他不再走、不再動時，他的體溫就會迅速地降低，接著很快就會被凍死。可不是嗎？在人生的戰場上，如果失去了跌倒以後再爬起來的勇氣，我們就只能得到徹底的失敗。

弘一法師說：「厭惡苦並無法驅走苦；唯有放下想要苦消失的念頭，也就是去正面地接受它，苦才會有消失的一天。當我們想到無窮盡的存在界本具不圓滿性時，我們內心那一點的痛苦又何足掛齒呢？不讓心追逐樂受，也不讓心墮於苦受，就讓它們順其自然。」

乙 破碎的心，最能體會到豐盛的喜悅

人生最甘美的東西，都是從苦難中得來的。香料必須經火燃燒，才能發出濃郁的香氣，泥土必須耕鬆，才適於下種，麥子必須磨碎，才能做成麵包，一顆破碎的心，最能體會到豐盛的喜悅。——弘一法師

明智地選擇樂觀的生活態度，那麼快樂一定會圍繞在你的身邊。弘一法師說：「一張開心的面孔對病人的幫助，猶如宜人的氣候有益健康。只有死人才不會犯錯。別害怕陰影，它只不過是告訴你在不遠處有亮光。有一件事可以讓你對每件事都產生好感，那就是你心中閃著一個念頭：好事將近了！人生中要緊的未必是際遇，而是應對際遇的態度。」

傑瑞是個不同尋常的人。他的心情總是很好，而且對事物總是有樂觀的看法。

當有人問他近況如何時，他會答：「我快樂無比。」他是個飯店經理，他換過幾個飯店，而這幾個飯店的侍應生最後都跟著他跳槽了。他天生就是個鼓舞者。如果哪個雇員心情不好，傑瑞就會告訴他怎樣樂觀地去看待事物。

這樣的生活態度實在讓人好奇，終於有一天一個名叫傑克遜的人對傑瑞說，這很難辦到！一個人不可能總是樂觀地對待生活。

「你是怎樣做到的？」傑克遜問道。

傑瑞答道：「每天早上我一醒來就對自己說，傑瑞，你今天有兩種選擇，你可以選擇心情愉快，也可以選擇心情不好。我選擇心情愉快。」

「每次有壞事發生時，我可以選擇成為一個受害者，也可以選擇從中學些東西。我選擇從中學習。」

「每次有人跑到我面前訴苦或抱怨時，我可以選擇接受他們的抱怨，也可以選擇指出事情的正面。我選擇後者。」

「是！對！你說得很有道理，可是沒有那麼容易做到吧。」傑克遜立刻反問。

「就是這麼容易。」傑瑞答道。

人生有時就是一種選擇。正像我們無法選擇工作，但可以選擇對待工作的態度，可以選擇處理工作的方法一樣，改變不了天氣，難道就不能改變自己的心情嗎？

快樂，其實是一種境界、一種追求、一種憧憬，快樂也是一種情緒，懂得控制情緒的方法，你就已經站在了快樂的一方。

誰都無法「平安無事、無憂無慮」地過一輩子，誰都可能遇到不是那麼盡如人意的事，有的人往往能從挫折中瞭解人生的真諦，從困難中取得生存的經驗，從而歡樂常有，勇於奮進，最終到達成功的彼岸；而有的人則把苦難和憂愁悶在心上，整日裡陰雲淫雨，煩惱不盡，不能自拔，不僅難點照舊，事業無成，而且累及身心健康。

因此可以說，一個人快樂與否，不在於他是否遇到什麼困境，而在於他怎樣看待困境。也就是說，消極心態與快樂是無緣的。

星期天，你本來約好和朋友出去玩，可是早晨起來往窗外一看，下雨了。這時候，你怎麼想？你也許會想：糟糕！下雨天，哪兒也去不成了，悶在家裡真沒勁；如果你想：下雨了，也好，今天在家裡好好讀讀書、聽聽音樂，也很不錯。這兩種不同的心理暗示，就會給你帶來兩種不同的思考方式和行為。

你可以選擇一個快樂的角度去看待生活，也可以選擇一個痛苦的角度。魚在水裡游來游去，那麼從容，那麼自在，而我們人類的快樂全部藏匿在生活的每個角落，只需人們用心去細細地品味。只要我們有一顆細細品味幸福的心，快樂自會縈繞在我們身旁。

著名漫畫家蔡志忠說：如果拿橘子比喻人生，一種是大而酸的，另一種就是小而甜的。一些人拿到大的會抱怨酸，拿到甜的會抱怨小；而有些人拿到小的就會慶幸它是甜的，拿到酸的就會感謝它是大的。當我們不知事情該如何進展下去時，也許，換個角度思考問題，問題就會迎刃而解。

若你每天的發心，都是願眾生歡喜，你自己也會解脫。從煩惱的人到解脫的人，其間只不過是一步而已。

3 不被流言蜚語影響

慈心正意，罪滅福生；邪不入正，萬惡消爛。——《堅意經》

有人的地方就有是非，尤其是職場，人多嘴雜，滋生各種流言蜚語，有的人出於嫉妒，有的人想洩私恨，有的人想排擠別人……我們沒有能力去制止流言，卻可以選擇不被流言蜚語影響。都說，謠言止於智者。

《堅意經》云：「慈心正意，罪滅福生；邪不入正，萬惡消爛。」這是佛陀對治譭謗的良方。佛陀也會遭人譭謗，所以譭謗可能是由於我們表現得太好，我們應該感謝別人對我們的譭謗，因為如此一來，正好給自己一個反觀自照、消災解怨的機會，讓我們得以在菩提道上步步提升。

高僧廣欽和尚在福建省出家，住在承天寺。他說自己沒有福報，不敢接受供養，就去住山洞，一住就是十三年。十三年後回到廟裡，他還是不住寮房，要求守大殿。大殿不能安床鋪，只能天天晚上在大雄寶殿打坐。

過了一段時間，監院師和香燈師召集大家宣布說，昨天晚上大雄寶殿的功德箱被盜。這個功德箱是廟裡的主要收入，從來沒有發生過被盜的事。所以，當時大家自然懷疑到廣欽和尚，認為他在殿裡打坐，即使他沒有偷，別人偷的，他也應該知道，也有責任。

大家對他的看法一下子發生了一百八十度的轉變，認為這個人號稱坐山洞十三年，結果還幹出這等事，就很鄙視他，認為太可恥了。全廟的人包括來的居士都對他心懷不滿。他本人卻並沒有申明一句：「我沒有偷，也沒有看到別人偷。」好像這件事與他無關一樣。別人罵他、指責他，他也不解釋，若無其事一樣。

這樣過了一個星期，監院師又集合大家宣布：「沒有功德箱被盜這回事，我之所以這麼說，是為了考驗一下廣欽在山洞住了十三年，到底有沒有學到功夫。現在證明他是真有功夫的！」

星雲大師在《佛光菜根譚》中寫道，譭謗打倒不了一個有志氣的人，除非自己本身不健全、沒有實力；面對譭謗最好的方法就是不去辯白，對是非默然擯之。爲人不爭一時之氣，要爭的是千秋萬世。

「清者自清，濁者自濁。」暴跳如雷，大吵大鬧或一味爲自己辯解，只能越描越黑，反倒給人留下一個浮躁的印象。正確的做法是等自己的心理風暴過去以後，冷靜下來，再做下一步的打算。面對流言蜚語，如果一時說不清楚，不妨先回避一下，不予理睬，這樣流言蜚語也許很快會平息。

佛陀在《四十二章經》中說，欲以譭謗損人，就如同「仰天而唾，唾不汙天，還汙己身；逆風坋人，塵不汙彼，還坋於身」。誠乃不虛之言也。所謂「君子坦蕩蕩，小人常戚戚」，我們的心地只要像太陽一樣光明磊落，惡言譭謗必如霜露般消失無蹤。

4 點亮心燈，黑暗自然就會逃走

我們雖然不能趕走室內的黑暗，但我們只需把光明放進來，黑暗自然就會逃走！打破我們的消極心態也是如此，只需點亮心燈，一切都會慢慢地好起來。——德山禪師

我們之所以沉溺於悲傷，看不見光明，是因爲我們忘記了打開窗戶，光線自然照

不進來；我們之所以時常茫然，時常丟失了自己，是因爲忘記了享受陽光。不管生活對我們仁慈還是殘酷，都是生活的給予。就因爲是給，而不是取，所以我們都要去面對。

只要打開心靈的窗戶，就有燦爛的陽光照進來！人生如四季有嚴寒與酷暑，人生如天氣有晴朗與風雨，人生如道路有平坦與崎嶇，但無論何時，把光線放進心中，就不會感覺傷悲抑鬱。

悲觀女士去拜訪樂觀女士。快到時，悲觀女士看到了一扇漂亮的旋轉門。她輕輕一推，門就旋轉起來，她隨著玻璃門轉進去，見樂觀女士正站著等她。

悲觀女士虔誠地問：「我今天來是想向您請教，快樂有什麼竅門？」

樂觀女士用手一指她的身後：「就是你身後這扇門。」

悲觀女士回過頭去，看見剛才自己走過的那扇旋轉門，門正慢慢地旋轉著，把外面的人帶進來，把裡面的人送出去。兩邊的人都順著同一個方向進進出出，誰也不影響誰。

我們每個人的心裡都有一扇門，不過材料不同罷了。有的人是帶鎖的木門，成功快樂時就打開，失敗痛苦時就關閉，把自己鎖在黑暗裡；有的人是旋轉的玻璃門，不管成功還是失敗，快樂還是痛苦，總是讓自己的心靈之門旋轉起來，把失敗和痛苦旋轉出去，讓希望和未來旋轉進來；有的人是一扇永遠打不開的鐵門，陽光照不進去，所以他們的內心就一直沉浸在黑暗之中。

人需要自由和向上的生活，需要陽光給我們帶來生命的氣息。不要再去思考人活著究竟有何意義，不要再因繁瑣的工作而耽誤你享受陽光的時間。生活需要陽光！請把窗戶打開，讓陽光灑進來！

也許有的人會說，生活對我來說充滿曲折和坎坷，磨難一個接著一個，幸福於我總是遙不可及，我怎麼可能擁有快樂，怎麼能不發脾氣呢？

其實快樂與人生的順境和逆境無關，只與人的願望和努力的方向有關。

你也許有一個不幸的童年，可是你幼小的心靈裡充滿了不甘示弱的倔強，你當哭就哭，當笑就笑，用一種勤奮和韌性代替了心中的幽怨和委屈，就像磐石底下拱出的一棵嫩芽，不停地將彎彎曲曲的細長身體頑強地向上伸展著，去竭力爭取得到陽光雨露的滋潤，於是它的根在掙扎著生長的過程中深深地植入大地的胸膛，飽飲泉水和養分；它的軀幹和枝葉迎著燦爛的陽光茁壯而蓬勃地繁茂著；即便是在風雨中它也在不停地歌唱，所以童年不幸的你，完全可以像這棵嫩芽一樣，用堅強和樂觀洗去臉上的陰鬱和眸子裡的淚光，一步一步扎實地向前走，最後你一定會長成一棵參天的大樹。

也許你在情感的道路上突然遭受了一場嚴重的傷害，你的心被摧殘得支離破碎，你覺得就像靈魂已經飛走了一般，但是只要你心中還有一絲快樂殘存，那麼它就會慢慢治癒你心頭的創傷，使你那顆被情愛迷惑的心重新復蘇，讓你感覺到天涯處處有芳草，快樂會幫助你重新找到屬於你的愛。

也許原本家財萬貫的你突然破產，一夜間變成一貧如洗的窮光蛋；也許聰明好學的你竟然高考失利……總之世事無常，命運多舛，任何人都可能在任何時間和任何地點，遭受到不同的打擊和挫折，但是，任何事情的本身都沒有快樂和痛苦之分，快樂和痛苦是我們對這件事情的感受，同一件事情，你從不同角度來看待，就會有不同的感受。

比如兢兢業業工作著的你突然失業，你可以抱怨命運的不公平，可以痛恨上司的無情，可以憂傷得一籌莫展，但你也可以這樣想，命運又成就了我一次選擇職業的機會，也許從此我的生活會變得比以前更充實、更富裕，於是你心情輕鬆地踏上了求職的道路。一切的不愉快都不必掛在心頭，更無須鯁阻於喉，那樣只會傷害身體，釀成頑疾。你要相信，一切都會有的。

再比如，你不小心丟失了一件價格不菲的皮大衣，你可以對自己的粗心懊悔不已，可以對拾金而昧者耿耿於懷，但是你也可以這樣寬慰自己：從此一個衣衫襤褸的窮人不再懼怕冬天的嚴寒了，於是你就有了一種助人爲樂後的快慰。既然一切都不會失而復得，那就財去人安吧！

再比如，孩子拆壞了你精心收藏的一塊鐘錶，你可以痛心疾首地揍孩子一頓，於是孩子哭，大人罵，家裡頓時硝煙瀰漫，可是你是不是也可以在片刻的痛心之後，馬上這樣想一想：孩子在實踐中又長了見識，於是你親切地摸摸孩子的頭：「孩子，你能把它再重新裝起來嗎？」笑一笑，自己樂，孩子樂，何樂而不為？

事本無異，異的是心情。

5 將職場看做是一個快樂的天堂

心靈不能統一，精神即成分裂，什麼都會反應過度，造成負擔。私言則有所不正，私德則有所不明。追求聲名，不如先正心術。——延參法師

不知道從什麼時候起，你發現自己出現了「自我分離」的狀態。出現在眾人面前的時候，你微笑著的表情、穿戴整齊的打扮，及對待工作一絲不苟的態度，使大家覺得你是一個快樂且心態平和的人。但只有你自己知道，其實很多時候，你都是不快樂的。你心事重重，因為你覺得自己空虛；你百無聊賴，因為你覺得自己沒錢；你天天做夢能住上豪華的房子，能中大獎……於是，你的工作成了雞肋，食之無味！

其實，暢快聊天的時候，大口喝酒的時候，大聲唱歌的時候，看一本好書、一部好電影的時候，聽一首好歌的時候……你都可以那樣地快樂。但是，你還沒有調整好自己的心態，不懂得發現工作中的快樂。

相當多的職場人士將這種不快樂的心情互相影響，使大家都感到「累」。但其

實，職場中的人都明白，最主要的「累」不是因爲工作緊張與壓力，而是「心」苦、「心」累——下屬反叛、領導壓制、同事之間鉤心鬥角。

其實，如果你仔細想想，以上情況是不是只有職場中才有呢？我們身邊不是也經常有這樣的事情發生嗎？若你不置身於職場，就不會如此鬧心了嗎？因此，如果你將職場看做是一個快樂的天堂，你就會發現，職場裡有很多快樂等著你去分享！

做一名快樂的職場人，你首先需要積極參與到職場中來。要知道，勝敗與否不重要，積極參與是關鍵。

爲了更愉快地生活，首先要愉快地面對辦公室政治。對此，心理學家表示，只要辦公室存在，你就無法逃避辦公室政治。亞里斯多德在兩三千年以前就與他人分享他的智慧——人生來就是政治的動物。很多剛走出校門的同學對職場政治很反感，其實這沒有什麼可反感的，如果你用一顆正常的心來看待這件事，你就會發現，辦公室政治也許不像你想像中的那麼可怕。在辦公室中，有政治行爲是常態，沒有政治活動才奇怪。如果你閉上眼睛漠視辦公室政治的存在，就如同關上電視拒絕收看颱風來襲般的不智，因爲你遲早會被捲入其中，有所準備，才有存活的機會。

千萬不要以爲你周圍的人每天都在想一些讓你無法琢磨的詭計。其實，在你們面臨同樣的工作，彼此之間有競爭的時候，鉤心鬥角是不可避免的，而你面臨的挑戰是找到一個方法，遊刃有餘地控制並且試著享受它。

一位專欄作家一針見血地說：「辦公室政治這場遊戲，要是你不願下場，那就不要抱怨升職無期、薪資原地踏步、人家對你視若無睹，甚至被裁掉。」因此，在辦公室裡，不要假清高，如果你不玩辦公室遊戲，那麼就等於你主動認輸了！你不玩，連期待輸贏的權利都沒有了，生活不也同樣沒有樂趣了嗎？

放下所有的不屑和無奈，享受辦公室政治是在其中斡旋的最高明的辦法。再或者你可以這樣想：辦公室政治不過是多結交應交的朋友，少在同事間結怨。看別人鉤心鬥角就算是每天上演的免費電影；電影看多了，自己也有當些小配角娛樂他人的必要；也許有一天你被推上了主角的位置，只有電影看得多了，了然於胸，才能享受地扮演自己所扮演的角色。人生本來就是演戲，演得好或者不好都無所謂，享受自己的辦公室生活吧。

其次，對於工作你沒有辦法選擇，但是你卻可以選擇改變自己的態度。比如，面對自己總是出問題的工作，你就當是積累經驗吧！要知道，不管是工作還是生活，每個人都會有一些慘澹的經歷，這些經歷足以讓我們沮喪，感到這個世界簡直是糟糕透頂了。但是，那些勇敢的人往往會用孟子的那段話來激勵自己：天將降大任於斯人也……因此，那些經歷又算什麼呢？

凡成大業者，必重「天時、地利、人和」三要素，沒有良好的人際關係，在哪裡都是無法生存的。能否愉快地工作，除了你對工作的興趣外，很大程度上取決於職場人際關係的好壞。人際關係好的人，整天樂呵呵，人人都願意爲他效勞。因此，在職場上你就不要用「合則來，不合則去」的隨意態度來對待人際關係了。

只要你放棄以自我爲中心的想法，放棄對他人的猜測和種種抱怨。相信自己的看法，意見沒有絕對的對與錯，任何事情都要經過切磋琢磨，才能得出最理想的結果。如此，你才能贏得大家的喜歡和尊敬；如此，你才能真正快樂起來！

6 閱讀是最快樂的消遣

讀書是一種茶餘飯後的消遣，是精神饑餓的速食，是解脫疲勞的烈酒，也是驅逐寂寞的野曲，是於輕鬆閱讀中產生的某種快感。——慧律禪師

莎士比亞說過：生活裡沒有書籍，就好像天空沒有陽光；智慧裡沒有書籍，就好像鳥兒沒有翅膀。

英國著名浪漫主義詩人雪萊非常喜歡讀書，書上的知識豐富了他的想像力，活躍了他的思維，使他看上去永遠是那麼朝氣蓬勃，熱情奔放，充滿活力。他總是不停地看書，幾乎到了廢寢忘食的地步。他吃飯時面前也放著書，一邊看一邊吃，經常忘記喝茶吃麵包，烤羊腿和馬鈴薯是常常冷了熱、熱了冷，熱了好幾遍才吃完。他外出散步時也總是書不離手，經常自言自語地吟誦

著名篇和詩文，令同行的朋友為之動容。

雪萊年僅廿九歲便死於海灘，他短暫的一生卻留給後世寶貴的文學財富，他的抒情詩成為文學史上不朽的傑作。

培根說：孤獨寂寞時，閱讀可以消遣。人在獨處時，就會心浮氣躁，就會想入非非。但如果與書籍結緣，思想就會通達古今。作爲社會中普通的一員，在獨處時，與書爲友，就會把生活的艱辛與磨難看得雲淡風輕。

在社會生活中，激烈的市場競爭，沉重的生活壓力，未來的變化莫測，以及升學、求職、待業、疾病、安居、養老等現實問題已經讓人們心力交瘁。在這種緊張的生活狀態下，讀幾本消遣性讀物，不啻也是一種精神的解脫，情緒的放鬆。

人們在閱讀時，精神上沒有疲勞的厭倦，沒有沉重的負擔，沒有無形的壓力，在輕鬆的閱讀中走進作品，跟隨作品精心鋪排的事件和環境，在時而山窮水盡，時而柳暗花明中無限地驚奇和企盼，同時獲得時而和風細雨，時而雷閃雷鳴的大起大落、亦悲亦喜的閱讀感受，使自己不由自主地忘卻身邊無盡的憂愁和煩惱，從精湛的藝術魅力中得到精神上的享受。

凡是讀書多的人發展潛力一定是強的。華人首富李嘉誠十二歲就開始做學徒，還不到十五歲就挑起了一家人的生活擔子，再沒有受到過正規的教育。

當時李嘉誠非常清楚，只有努力工作和求取知識，才是他唯一的出路。他有一點錢都去買書，記在腦子裡面，才去再換另外一本。直到現在，每一個晚上，在他睡覺之前，還是一定得看書。

後來李嘉誠對人們講：「知識並不決定你一生是否有財富增加，但是你的機會就更加多了，你創造機會才是最好的途徑。」

魯迅說讀書如打牌，天天打，夜夜打，連續地打……真打牌的人並不在贏錢，而在有趣。它妙在一張一張地摸起來，永遠變化無窮。嗜書也如此，每一頁每一頁裡，都有著深厚的趣味。自然也可以擴大精神，增加知識，但這不能計及，一計及，等於意在贏錢的賭徒了，這在賭徒中也是下品。

真正的「讀書」，不僅在讀「書」，更在「讀」所達到的「境界」，只要進入了，就會感到無窮的樂趣。人們常說的潛移默化、潤物無聲講的就是這個道理。應該說任何讀書都有功利性，古人曾有過「萬般皆下品，唯有讀書高」的說法，但我們可以把爲功名利祿而讀書，變成爲獲取知識與獲得藝術享受而讀書，把功利變成輕鬆、愉悅的消遣。

把閱讀當做是一種消遣，讓閱讀成爲一種習慣，對於我們提高自己不無裨益。人的一生是有限的，直接向別人學習的經驗也是有限的，但是通過讀書間接向別人學習則是趨於無窮的。讀書可以讓我們突破時間、空間的限制，自由地馳騁我們的思緒，可以跟古今中外許許多多優秀的人對話、交流。所以芒格說：「手裡只要有一本書，我就不會覺得浪費時間。」

把閱讀當做消遣是聰明的，把很多消遣的時間用來閱讀是高明的。唯有知識無法貶值，一旦存在，它將被你長期擁有。所以，需要消遣的時候，不妨泡一杯茶，拿一本書，細細品味一番，一定會有許多意想不到的收穫。

7 掌握好心情的法則

一切諸眾生，無始幻無明，皆從諸如來，圓覺心建立。猶如虛空花，依空而有相，空花若覆滅，虛空本不動。——《華嚴經》

一個人要想掌握心情的法則，也就是要懂得自己的心情，並達到控制心情的目的，這是一種說簡單也簡單，說困難也困難的事情。關鍵要看這個人到底花了多少的心思，甚至下了多大的決心來做這件事情。

每天，當我們在晨光中醒來的時候，心情已經悄無聲息地有了改變：昨日的快樂已變成今日的哀愁，或者是昨日的憂愁已經變成了今天的快樂，當然今日的壞心情也可能轉化爲明日的好心情，或者是今天的好心情轉化成明天的壞心情。

在我們的心中，這種心情就像一個個轉盤似的，不停地旋轉著，樂極而悲，喜極而憂。這就好比那多變的天氣，陰晴不定。但是我們得知道，心情並不是不能控制的，即便它們會變化，只要我們懂得如何控制它，我們照樣每天都能擁有一個好心情。

我們都知道，情緒具有自然的本性，要想控制自己的情緒，除非以自制的力量駕馭它，否則，結果將會是失敗的。就如同花草樹木一樣，也是自然的本性。要想改變這些，還得需要自然的力量來改變。花草樹木隨著氣候的變化而生長，也隨著氣候的變化而凋零。

因此，我們要學會用自己的心靈來彌補情緒的不足。情緒是可以變化的，但人的心靈是不可能變的。也就是說，人的本性是不會變的。

那麼我們要怎樣才能控制自己的情緒，讓我們每天都充滿幸福和歡樂呢？其實很簡單，就是用心情與心情對抗。比如說在你沮喪時，可以用興奮的心情來與它對抗，你可以大聲地歌唱或者做激烈地運動來驅趕自己沮喪的情緒；在你感覺到悲傷的時候，你可以用愉快的心情來消磨這種悲傷的情緒，你可以開懷大笑，可以多看一些輕鬆幽默的漫畫或者戲劇。

由此及彼，在你恐懼時，你要勇往直前，比如說堅定信念，自我暗示等；在你自卑時，你要找到自信，比如說你換上新裝，換個自信的髮型等；在你不安的時候，你要表現得勇敢，比如說提高嗓音，放慢腳步等。

總之，我們不能任憑這種不好的情緒在我們心裡橫衝直撞，肆意破壞我們的心情。要知道，這種情緒在破壞我們心情的同時，實際上也是在消耗我們的精力，讓我們花很大的氣力，卻做很少的事，或者是做品質更差的事。不僅如此，它還是一個惡性循環，會導致我們的心情變得更差。

情緒是一把雙刃劍，好的情緒能幫助我們。比如說當一個人的情緒高漲時，對待周圍的人都是相當溫和的，辦事效率會有明顯的提高；但當一個人情緒低落時，就會出現很多的差錯。所以這把雙刃劍如果用不好，就會出問題，會給我們的生活和工作帶來很大的麻煩。

因此，最好的辦法是能保持我們情緒的穩定，儘量不使它大起大落。這樣就可以保持一種平靜的心境，然後加上理智的作用，定能將我們的情緒穩定在安全線以上。

然而這種理智和情緒並不是完全孤立的，而是有聯繫的。比如說，一份愉悅的情緒可以給我們的理智指明方向，使理性趨於更加成熟、更加完善。這樣就讓我們的思考更加順暢，心情也就更加愉快，成就感體現得更加強烈，前進的腳步也就相對加快。

總之，一個心情變化起伏很大或變化頻率很高的人，無論他們的辦事能力怎麼樣，他們總是會出些差錯或者做一些連自己都難以理解的事情。有時候會喪失自己的選擇判斷能力。在這種情況下，這類人是非常不利的，因此一個人要想一直都處在優勢的地位，就得學會控制自己的情緒。

在控制情緒的時候，最大的障礙就是心情的浮躁。浮躁是現代人的一種通病，其中包括嫉妒、虛榮、目光短淺，甚至有不切合實際、好高騖遠等一連串的心理狀態。

有的人光想幹大事，幻想一夜成爲百萬富翁，卻沒有付出任何行動。他們的心情根本就無法平靜下來，心浮氣躁，看什麼都想去撈一把，猶如猴子掰玉米，掰一個丟一個，最終結果只能是一無所獲。

要想控制一個人的浮躁，每個人有不同的方法，要付出的努力也是不一樣的。有的人很容易就做到了，很快成爲一個遠離浮躁的人，而有的人卻一輩子還是那個臭脾氣，說到底這與一個人的性格有著很大的關係，如果是一個心情溫和的人，那他很快就能平靜下來，浮躁也就很自然地消失了；一個本來脾氣就是很火爆的人，如果要他把脾氣改好，學會控制情緒就比較困難。

不過不管是誰，只要做到下面幾點，也就基本可以了：

（1）暗示自己

每天要多提醒自己，把心情放平和一點，千萬不要急躁，儘量使自己的心情安靜，保持心態平和。每當你稍有浮躁時，你就用這種暗示和自我鼓勵的方式來調節自己的心情，久而久之就會成爲一種好的習慣。

（2）生活中形成規律

最好讓自己的生活變得井井有條，讓自己的生活充滿規律。形成規律以後，你會發現，生活也並不是那麼讓你厭煩。因爲生活有了規律之後，每天你都知道自己要做什麼，也知道自己該做什麼。這樣心情自然就會好多了，而這種好心情，最終也會有助於你以平靜的心態去應付每天的生活和工作。

（3）多參加運動

實踐證明，運動是能讓自己的心情保持輕鬆愉快的一種很好的方法。因爲運動能使人把身體裡多餘的精力給釋放出來，而這些多餘的精力就像殘渣一樣，經常堵住人們的情緒排放口，最終導致情緒失控。而運動正好能給多餘的情緒一個排放的方式，在身體流出汗液的時候，你的負面情緒也就跟著流出了人體外。

（4）回歸自然

一般人都會有這種感覺，當我們去登山或者漫步時，會不自覺地將自己的身心投入到大自然之中，專心聆聽大自然的聲音，去呼吸清新的空氣，這時我們會發現所有的煩惱都會隨風而逝，原本鬱悶的心情也會頓時煙消雲散。這時你會在回歸自然的過程中，找到真實的自我。

8 自己娛樂自己

但向己求，莫從他覓，覓即不得，得亦不真。——慧思禪師

雖然我們不能改變周遭的世界，但是我們可以用慈悲心和智慧心來面對這一切。用積極的心態處世，所謂「兵來將擋，水來土掩」，不要被世事沉浮影響了心境，做

到「無喜無憂」，也就是有好事不過度狂喜，有壞事不過度惆悵。

《易傳》裡說：「樂天知命故無憂。」人的一生充滿著煩惱、憂愁，那麼就需要「無憂」來消解這些煩惱憂愁。生活縱然風波不斷，有的時候憂愁、苦悶全都找上門來，當我們面對這些無可奈何的時候，不要沮喪放棄，我們可以自己尋找生活的驚喜，尋找生活中的一抹亮色，讓灰色的人生增光添彩，這樣才能把人生過得多姿多彩。

歡喜要從哪裡來？慧思禪師說：「但向己求，莫從他覓，覓即不得，得亦不真。」意思是說歡喜要靠我們自己去創造，不能指望別人給予。

歡喜與否取決於我們的心境，世界上沒有絕對不好的東西，也沒有什麼絕對的歡喜。心裡裝滿了歡喜，粗茶淡飯，也會覺得是人間難得的美味；內心裝滿了歡喜，就是路上堵車，也會以欣賞的眼光觀看道旁的風景。這就是歡喜的好處，讓我們時刻保持愉悅，而不是敲著方向盤大罵堵車耽誤時間。

有個小和尚很小的時候就上了山，陪在師父身邊，兩個人在山上的廟裡度過了好幾年的時光。漸漸地，小和尚開始覺得有些寂寞，山上的景色他已經看了許多遍，想去山下看看大千世界，但是小和尚又不敢跟師父說，於是就整天愁眉苦臉的，師父不在的時候就唉聲嘆氣的，做什麼都提不起興趣。

小和尚以為師父不知道自己的心事，但師父一眼就看穿了小和尚是動了「凡心」，導致不能安心學佛。於是在一天清晨，師父叫來了小和尚，對他說：「為師想要吃些新鮮的果子，你去後山幫為師摘一些回來。」

小和尚點點頭，不明白師父為什麼突然之間想要吃果子。小和尚穿林過河，來到了後山，找了幾種不同的果子，帶回來給師父。可師父看到果子的時候卻搖搖頭，說：「這果子我不愛吃，重新摘吧。」

小和尚很納悶，師父怎麼挑起食來了，他教導過自己不能挑食的啊。小和尚再次到了後山，精心挑選了幾種甜美多汁的果子，沒想到師父又搖搖頭，說：「這果子還酸，為師不要。」

第三次踏上後山的小和尚，失去了所有的耐心，躺在一處青草裡，看著天空和遠處的樹林，想不通師父今天為什麼如此奇怪。漸漸地，周圍的風景把他迷住了，他越看越入迷，一直看到了天黑。

回來後，師父滿意地點點頭，說：「你終於懂得了欣賞，寺裡生活枯燥，正需要一些欣賞的眼光才能夠堅持下去啊。」

生活不易，我們要學會自己娛樂自己。這種生活態度能夠讓我們更好地保持一種平和愉悅的心情，用心態遮罩煩惱是最簡單直接的方式，隨時隨地保持歡喜之心，對別人的一切都以歡喜之心來包容。哪怕生活再艱苦，再讓人難熬，我們也有一種更好的心態去面對，在生活的大風大浪裡，不讓我們落於下風。

【延伸閱讀】

看開人生十三件事知足常樂

幸福的人生需要忍耐多少無奈，需要看開多少浮雲。貧窮、缺陷、壓力、矛盾、誤會、失意、孤獨等，這些暫時會給你帶來痛苦，但經歷後，看開後，它們就是你人生的財富！

●吃虧

生活中有的人害怕吃虧，買東西生怕買貴了，發獎金總要打聽自己的少不少。一般人認為吃虧是弱者和愚者的行為，但從長遠來看，能吃虧的人表現出來的是誠實、善良的品質，更容易得到別人的信任。

「知足常樂，吃虧是福」還是保持身體健康的訣竅。吃了虧但不計較，這種樂觀、放鬆的心態可以讓自己遠離緊張，是壓力的「緩衝劑」。

●放棄

走在人生的十字路口，往往需要作選擇，每作出一個選擇就意味著你要放棄另外一個。所謂「有捨才有得」，不必耿耿於懷放棄是否正確，敢於放棄就是一種勇氣。與那些不達目的誓不甘休的人相比，懂得放棄的人身心更健康。

●漂泊

有多少人遠離家鄉在外漂泊，沒有歸屬感的漂泊看上去是一種不幸，實際上也是一種歷練。走走停停時，能獲得更多的人生閱歷。漂泊與穩定，無所謂好壞和對錯，它們只是兩種不同的生活方式。人生的重點是回歸，生活在哪裡都是驛站。

● 失業

現在早已不是鐵飯碗的時代，一兩次偶爾的失業帶來的不全是絕望。在日本，就有「失業者之友會」這樣的團體，在失業後大家互相鼓勵，將它看成人生中新的機會。而失業也能讓自己有時間重新整理自己，輕裝上陣。

● 評價

很多人太顧及別人的看法，太在意別人的評價，結果把自己搞得很緊張，畏首畏尾，總好像為別人活著一樣。實際上，把自己看得太重，就無法專注到事情本身，很難成大事。應該堅持自己獨立判斷的能力，並能經受得起批評，包容他人不同的看法。

● 幼稚

被人說幼稚，換一種眼光看，其實是人家對你年輕、充滿活力的肯定。成熟代表著穩重、圓滑，但也失去了單純和衝勁。所以不要過於介意被人說幼稚，因為等你到了某一天被生活壓得老氣橫秋、暮氣沉沉的時候，肯定會懷念當年的幼稚。

● 失敗

一次失敗並不代表有個失敗的人生，應該清楚地認識到，失敗並不是一件壞事，有了這次的經驗，可以換來以後無數次成功。人們不應該過多關注失敗本身，而應更關注如何處理失敗帶來的消極情緒，從而不斷提高自己。

●孤獨

孤獨並不是一件悲哀的事，電影《梅蘭芳》裡說：「誰毀了梅蘭芳的孤單，誰就毀了梅蘭芳。」人生其實是一場孤獨的盛宴，守得住孤獨的人能擁有更單純的靈魂，守不住孤獨則會陷入這個社會的浮躁。獨處時就像冷眼看一場絢爛的焰火，只有這時才能深刻地自我反省，也才能更清楚地享受人生的真諦。

●失意

失意往往伴隨著困境存在。「人生如大海，無日不風浪」。人生的逆境就像大海上的浪花起伏不定，失意時先要辨證地看到，人生的多難、多艱、多變才是常態，一帆風順只是美好的願景。所以，面對失意一定要保持一種「不計得失」的心態，瞭解所有困境都是暫時的。同時也要明白，「美好的人生需要苦難」，把握好逆境帶來的機會，在堅持中尋求突破。

●薪水

在年輕的時候，特別是大學剛畢業時，薪水並不是最重要的，因為給人打工，薪水高也高不到哪裡去。此時，機會遠比薪水重要。對於大多數人來說，三十歲之前最好去做想做的事，而不是因為盲目追求過高的薪水放棄了自己的夢想。

●存款

很多人都愛攀比積蓄，你存了三十萬，我就要存一百萬。實際上，擁有大額存款對於年輕人來説不太現實；相反，他們擁有的青春和機會卻是無價。而對於中老年人來説，存上一部分養老的錢，其他的完全可以去做一些投資和娛樂活動，豐富生活。

誤會

生活中的誤會很多，或多或少都會給自己帶來傷害和不便。誤會發生後，最好先以客觀的標準來衡量事情本身，然後以堅持的態度找出誤會發生的原因，並選擇通過第三者去解釋。如果不想解釋，也可以選擇沉默，對其泰然處之。總之，不要因太看重誤會而增加自己的心理負擔。

生活中的小矛盾

生活中充滿了雞毛蒜皮的小矛盾，任何瑣事都可能演變為一場大戰，究其原因，可能不過是多説了一句話，辦錯了一件小事。

面對生活中的矛盾，首先應該克制住自己的脾氣，想發火的先避一避，可以吃塊糖解解怒氣；然後找個信任的人一起理性地分析癥結所在；最後以平和或幽默的方式將其化解。小矛盾就像是生活調節劑，有了就應該解決，但不必太過在意。

除了以上這十三件事，還有七件事也是生活中不必太過計較的——貧窮、缺陷、壓力、謠言、房子、年齡和麻煩。

人生在給你安排這些小問題的時候，同樣會安排無數機會。如果沉迷在這些事情中無法自拔，就容易處處受挫。不計較、不在意的人生應該像這副對聯一樣，做到「寵辱不驚，看庭前花開花落；去留無意，望天空雲卷雲舒」。

第六章

財緣——貧窮和富裕，是在心上安立的緣

不清淨的財富根本不值得羨慕

積財雖千億，貪著心不舍，智者說此人，在世恆貧苦。——《寶積經》

其實許多人對財富的追求是很盲目的。在非洲大草原上，經常會出現這樣一幕：當一隻野獸在前面奔跑時，成百上千的野獸會毫無理由地跟著跑。許多人就像這些沒頭腦的旁生一樣，看到別人追求財富，便不加思考地盲目跟風。這些人應該想一想：我一定要跟著別人去做嗎？別人買一棟豪宅，是不是我也要買？別人買一部轎車，是不是我也有需要？

通過思考，有智慧的人會明白，其實一個人並不需要太多的財物，如果自己的欲望超出了經濟承受能力，很可能會以造惡業的方式聚斂錢財，而且在追求錢財的過程中也充滿種種痛苦，這樣自討苦吃有什麼必要呢？

許多人說：「我是爲了擺脫貧窮，過上富裕的生活，才不斷地追求錢財的。」其實貧窮和富裕是在心上安立的，在外境上尋求錢財根本解決不了問題。

有一個叫難陀的國王非常貪心，他拼命聚斂財寶，希望把財寶帶到他的後世去。他想：「我要把一國的珍寶都收集來，不能有一點剩餘。」

因為貪婪財寶，他把自己的女兒放在樓上，吩咐她身邊的人說：「如果有人帶著財寶來求我的女兒，就把人連他帶的財寶一起送到我這兒來。」他用這樣的辦法聚斂財寶，最後，全國所有的財寶都進了國王的寶庫。

有一個小夥子，看見國王的女兒姿態優美，容貌俏麗，很是動心。可他家裡窮，沒法迎娶國王的女兒。不久，他生起病來，身體瘦弱，氣息奄奄。他母親問他：「你得了什麼病，病成這樣？」

兒子把心事告訴了母親，說：「如果不能和國王的女兒交往，我將心痛致死！」

母親對兒子說：「但國內所有金錢寶物都叫國王搜了去，到哪裡去弄到錢呢？」母親又想了一會兒，說：「你父親下葬的時候，口裡含有一枚金幣，你如果把墳墓挖開，可以得到那枚金幣，你用它去結交國王的女兒吧。」

兒子挖開父親的墳，從口裡取出那枚金幣。然後，他來到國王的女兒那裡。國王的女兒便把他連同那枚金錢送去見國王。國王見了說：「國內所有的金錢寶物，除了我的寶庫，都沒有了，你在哪裡弄到這枚金幣的？你一定是發現地下的寶藏了吧。」

國王用了種種刑具，拷打這個小夥子，要問明白他得錢的地方。小夥子說：「我真的不是發現了什麼地下的寶藏。我母親告訴我，先父死時，放了一枚金幣在他的口中，我就去挖開墳墓，拿到了這枚金幣。」

於是國王派人檢驗真假。使者去了，果然發現有這件事。國王聽到使者的報告，心想：「我先前聚集這麼多寶物，想把它們帶到後世。可是那個死人卻連一枚金幣也帶不走，我要這些珍寶又有什麼用？」

從此，國王不再斂財，並把倉庫中的錢財散發下去，一心教化民眾，他的國家也因此而興盛起來。

《寶積經》上說：「積財雖千億，貪著心不捨。智者說此人，在世恆貧苦。」意思是說，有的人雖然積累了許多錢財，可是他一直處於貪婪的狀態，智者說這種人恆時處於貧窮中。現在有些人已經有好幾億資產了，但他們還是不滿足，實際上這種人就是標準的窮人。此經中緊接著說：「彼雖無一物，安住捨離心。智者說斯人，世間最富貴。」意思是說，有些人雖然沒有任何財產，但內心很知足，經常處於清淨的捨心中，智者說這種人是最富貴的人。

從前，阿育王經常大力供養僧眾。

有一次，宮中的一個婢女見到阿育王供養僧眾，心中非常感傷：國王前世修福，現在享受富貴，如今繼續修福，將來福德會更深厚；而我前世造了罪業，現在身分卑下，如今無錢修福，將來會更卑下，不知何時才有出頭的日子？

僧眾應供之後，婢女在掃地時得到一枚銅錢，她以歡喜心將這枚銅錢佈施給僧眾。不久婢女患病死去，死後她轉生為阿育王的公主，這個公主一生下來，右手就緊緊握著。

王妃將此事告訴阿育王，國王喚來公主，打開她的右手時，手中居然出現一枚金錢，而且隨取隨生，一直取不盡。

阿育王覺得非常稀奇，問耶奢阿羅漢：「我這個女兒前世造了什麼福德，手掌能生出金錢？」

耶奢阿羅漢回答說：「她前世是您宮中的婢女，以掃地得到的一枚銅錢佈施僧眾，所以能成為大王您的女兒，並且手中金錢取之不盡。」

貧窮卑下的婢女以拾到的一枚銅錢作佈施，這樣不起眼的善根成熟後，就感得了如此稀奇的果報。如果人們能了知這樣的因果，相信人人都會精勤積累福德。

即便以造惡業的方式暫時獲得了財富，但在有智慧的人看來，這種不乾淨的財富根本不值得羨慕。如果錢財的來源不乾淨，即使暫時收入很不錯，最終也不會有任何實義。

乙「我欲」是貧窮的標誌

「我欲」是貧窮的標誌。我的財富，並不是因為我擁有很多，而是我要求得很少。——慧思法師

欲望，是生命體與生俱來的東西。無論是動物界還是植物界，都普遍存在著各種欲望：當一個人愛上另一個人之後，會不惜一切地想要得到對方；當一隻素食的熊貓饑腸轆轆的時候，會去主動捕殺其他動物；當一棵小草被石頭壓住時，甚至會選擇刺穿它……

欲望在一定程度上促進了社會的發展和人們自我夢想的實現。但是，一個人的欲望是無止境的，如果管不住自己的欲望，任它隨心所欲的發展，就必然會給自己帶來痛苦和不幸。

托爾斯泰曾講過這樣一個故事：

有一個人對地主說他想要一塊土地，地主看了看他，想了一下說：「清早，你從這裡往外跑，跑一段就插根旗桿，只要你在太陽落山前趕回來，插上旗桿的地都歸你。」

那人開始拼命地跑，太陽快落山了，他還覺得自己的地不夠寬。後來看時間不早了，於是就拼命地往回趕。結果，他是跑回來了，但已精疲力竭，一個跟頭栽下去就再也沒起來。

後來，地主找了兩個人挖了個坑，把他埋了。

牧師在給這個人做祈禱的時候嘆氣說：「一個人要多少土地呢？再大又有什麼用？」

一個人的欲望越多，他離幸福也就越遠。多一分欲望就少一分幸福，相反，少一分欲望也就多一分幸福。生活中，我們很多時候之所以覺得自己活得累，其原因就是我們的要求太多，不斷地索取，自然會身心疲憊。

曾有人問卡內基：「用什麼方法才能致富？」

卡內基回答：「節儉。」

那人又問：「現在誰是比你更富有的人？」

卡內基脫口說：「知足的人。」

那人反問：「知足就是最大的財富嗎？」

卡內基想了一下，引用羅馬哲學家塞尼迦的一句名言回答了他：「最大的財富，是無欲。如果你不能對現有的一切感到滿足，那麼縱使你擁有全世界，你也不會幸福。」

生活，需要一定的物質做基礎，但物質的索取必須有一個尺度。人的需求其實是很低的，我們根本沒有必要讓欲望成爲我們心靈上的一顆毒瘤，讓它禁錮我們的靈魂，將我們的幸福漸漸吞噬。人應該在滿足自己基本需求的同時，盡可能地抑制住自己的欲望，不要讓它無限制地膨脹。要知道，欲望就像氣球，越大越誘人，但破滅得也越快——只有順其自然的人，才會擁有一份屬於自己的安寧的生活。

著名作家理察・卡爾森博士說：「很多年前，我曾活得忙碌不堪，追求成就成為我一生的一切。我不斷地做記錄：今天完成了多少事，賺了多少錢……三餐總是無固定的場所，隨便解決，總與自己比賽，看看自己可不可能贏得比別人更多的成就。」

然而，就在他結婚那天，他最好的朋友卻在前往參加婚禮的途中被一輛汽車撞死了。當時給他的心靈帶來了沉重的打擊。

之後，卡爾森博士的生活步調明顯慢下來了，因為這時候，他瞭解到了自己過去曾窮追不捨的那些東西，其實並沒有自己想像的那麼重要。

叔本華有句名言：「生命是團欲望，欲望不能滿足便是痛苦，滿足了便是無聊，人生就在痛苦和無聊之間搖擺。」叱吒一世的亞歷山大大帝臨終時，曾吩咐他的部下，不要按照習俗把他的雙手包裹起來，而是要讓他的雙手露在棺材外，讓世人看到他的手中一無所有，以此告誡世人，像他這樣併吞東西兩個世界財富的人，到死的時候，也和任何人一樣，帶不走任何財富。

活著，不需要得到太多，不管在什麼樣的生活條件下，先擺正自己的心態，寵辱不驚地去生活。

3 名利榮譽都不是你的東西

岩松無心，風來而吟。——禪偈語

很久以前，有一個年輕的劍客，他喜歡到處向成名的劍客挑戰。因為他的劍術高超，所以順利地擊敗了所有的對手。

年輕的劍客聽說在某地住著一位有名的劍客，傳說他是一位傳奇人物，劍術絕妙，無人能敵。於是，好勝的年輕劍客決定去向這位名劍客挑戰。歷經千辛萬苦，他終於在一個山村裡見到這位名劍客。

年輕劍客原本以為自己見到的會是一位相貌堂堂、氣質出眾的大人物，誰知對方竟是一個不修邊幅、長相普通的老人，而且又瘦又小，一點也沒有劍客的威風。更出乎他意料的是，老人的劍已經鏽得無法再從劍鞘中拔出來了。

面對年輕劍客的挑戰，老人毫不理睬，只管低頭吃飯。正是盛夏，屋子裡有好多蒼蠅在嗡嗡亂飛，忽然，老人連眼皮都沒有抬起，伸手用筷子從空中夾住了四隻蒼蠅，一字排開放在桌上，然後繼續吃飯。

年輕劍客看得目瞪口呆，他的驕傲瞬間消失得無影無蹤，他意識到自己的劍術根本不可能勝過這位老人。後來，他拜老人為師，潛心修煉，幾年之後，他的劍也同樣鏽在鞘裡。

劍是鏽了，可是心境卻更澄明了。

真正的爭鬥不是去打敗別人，而是戰勝自己。只會用身外物和別人一較高低的人，其實不明白真正有價值的東西是什麼。

瑪麗・居里出生在波蘭華沙，一八九一年進入巴黎大學學習，一八九三年和一八九四年分別取得了物理學碩士和數學碩士學位。一八九五年，瑪麗・居里與皮埃爾・居里結婚，開始了對放射性元素的研究。

一八九八年七月，他們發現了一種新元素，命名為釙。同年十二月廿六日，他們又發現了一種比鈾的放射性要強百萬倍的新元素鐳。但是當時還沒有實物來證明鐳的存在，科學界對他們的發現表示懷疑，也沒有機構同意為他們提供實驗室做研究。

居里夫婦只好在一個簡陋的大棚子裡做實驗，歷經了四年的艱辛提煉後，他們終於從八噸瀝青鈾礦渣中提取了零點一克純鐳，價值超過一億法郎。這不僅贏得了科學界人士的普遍認可，而且使他們成為核子物理學的奠基人，居里夫婦因此共同獲得了一九〇三年諾貝爾物理學獎。

一九〇七年，居里夫人提煉出了氯化鐳。一九一〇年，她測出了氯化鐳的各種特性，並以《論放射性》一書成為放射化學的奠基人。由於對科學的執著與貢獻，居里夫人於一九一一年獲得諾貝爾化學獎。

在科學領域裡享有盛名的居里夫人，生活上卻極為簡樸。曾有一位記者要採訪她，當來到一所簡陋的房子前，記者看到一個衣著簡樸的婦人赤腳坐在臺階上洗衣服，他過去詢問居里夫人的住處，當那婦人抬起頭時，記者大吃一驚，原來她就是居里夫人。

當初發現了鐳之後，居里夫婦討論如何處理那些請求他們告訴提煉鐳的方法和信件。

居里先生說：「我們必須在兩個途徑中選擇一個，一是無償公開鐳的提煉方法……」

居里夫人說：「這樣很好，我贊同。」

居里先生說：「二是將提煉方法申請專利，以後任何人想提煉鐳都要經過我們的同意，並且我們的孩子可以繼承這一專利。」

居里夫人不假思索地說：「這違背了科學精神，我們還是選第一個辦法吧。」於是，他們向世界公開了鐳的提煉方法和其他相關資料。

有一位女性朋友去居里夫人家裡拜訪她，發現她的小女兒正拿著英國皇家科學院頒給她的金質獎章在玩，朋友大吃一驚，問道：「你怎麼能把這麼寶貴的東西給孩子玩呢？」

居里夫人回答：「我想讓孩子從小就懂得，榮譽就像玩具，只能玩玩而已，絕不能永遠守著它，否則就將一事無成。」

居里夫人以高尚的情操和獻身科學的精神教育孩子，她的女兒瑞娜後來也成為一名科學家，並像母親那樣獲得了諾貝爾獎。

「一個人不應該與被財富毀掉的人交結來往。」這是居里夫人的名言，而她也正是這樣做的，不讓自己被名譽和財富毀掉。當初那價值超過一億法郎的零點一克純鐳，對於生活極其簡陋的居里夫人並沒有造成任何影響，她坦然地將它無償贈給實驗室，這份視名利如浮雲的豁達實在令人讚嘆。

正是因爲居里夫人懂得名利就像玩具一樣，偶爾拿來玩玩還可以調劑生活，但若是抱住不撒手，生活反而會被它給毀了，所以她才能頭腦清楚地將名利放在一邊，在科學研究中享受莫大的人生樂趣。

看看世間，有多少人正把玩具當成自己真正的人生死守不放呢？禪偈語說：「岩松無心，風來而吟。」意思是說山岩上的松樹不是有意擺出一副姿態來顯示自己傲然獨立的品質的，它靜靜地挺立在山岩上，當山風吹來的時候，松樹枝葉呼應，在展現出自己的風采和風韻，風一停，它又恢復原來的自然姿態。

做人也是一樣，名利榮譽都不是你內在的東西，是風吹來的，你應該以你本來的自然本色生活，就會擺脫一切煩惱，享受生活的快樂。

4 騎在虎背上追求權勢的人，必然會被老虎吞到肚子裡

凡是騎在虎背上追求權勢的人，最後必然會被老虎吞到肚子裡。世界上大部分的紛擾，都是那些想成為偉人的人搞出來的。——聖嚴法師

我們之所以舉步維艱，是因爲背負太重，功名利祿常常微笑著置人於死地。正所謂：「天下熙熙，皆爲利來；天下攘攘，皆爲利往。」名利就像是一副枷鎖，束縛了人的本真，抑制了對於理想的追求。現代人生活在節奏越來越快的年代，有太多的誘惑，太多的欲望，也有太多的痛苦，因此我們的身心疲憊不堪。

莊子說：「世人終生奔波於名利而不見有所作用，疲憊不堪而不知自己的歸宿，太悲哀了。」這裡有一個著名的故事。

莊子在河南濮水悠閒地垂釣。楚威王聞訊後，認為莊子到了自己的國境內，機會難得，於是速派兩位官員趕赴濮水。來者向莊子傳達了楚威王的旨意，邀請莊子進宮，願將治理楚國的大業拜託給莊子。

莊子手持釣竿聽畢楚威王的意圖後，頭也不回，他眼望著水面沉思片刻，說：「楚國有神龜，死去已有三千年。楚王將牠的骨甲裝在竹箱裡，蒙上罩中，珍藏在太廟的明堂之上供奉。請問：對這隻神龜來講，牠是願意死去遺下骨甲以顯示珍貴呢，還是寧願活著，哪怕是在泥塘裡拖著尾巴爬行呢？」

兩位官員聽完莊子的一番發問，不加思索地回答：「當然是選擇活著，寧願在泥塘生存。」

莊子見他們回答肯定，回過頭悠然地告訴兩位官員：「有勞兩位大夫，請回稟楚威王吧，我選擇活著！」

這篇寓言表現了莊子的人格高潔，不為徒有其表的名聲、權勢而放棄生命的自由。人生最可貴的是生命，生命最可貴的是自由。

面對楚威王的邀請，他選擇了「泥塘」，不願做祭奉於廟堂之上的「龜甲」，拒絕了在別人看來千載難逢的機遇，自由地坐在岸邊垂釣，秀美的山水給了他無限的樂趣，和煦的清風給了他智慧的思考，他不爲徒有其表的名聲、權勢而放棄生命自由，他笑對清貧的生活，笑對人間的功名，那是怎樣的一種閒適呀！他安然的生活造就了「無己」、「無功」、「無名」的高潔，吟出了心如濮河般澄澈的「秋水」。

很多人出於對權力的貪婪與欲望，無時無刻不在費盡心思爭取更多更高的權力，甚至爲此可以決一死戰。很容易突破道德良知的底線，甚至做出違法犯罪的事情。因此，古羅馬歷史學家塔西佗說：「『權力』是一種最臭名昭著的欲望。」英國思想家霍布斯更是對「權力」作出了形象的描述：「得其一思其二、死而後已、永無休止。」

中國古代權力鬥爭不斷，篡位者爲了達到自己的目的，可謂費盡了心機。昨天還是情同手足的親人，今天卻成了不共戴天的死敵。古代中國的宮廷政治史，就是一部骨肉相殘的歷史。皇室內部一次次的同室操戈，帝王貴冑的一顆顆人頭落地，一代代家天下的專制皇權擺不脫魔咒，走不出怪圈，只能不斷地複製著一幕幕血濺宮闈的慘劇……

人們以爲有了權力就可以爲所欲爲，可以滿足自己的欲望，像金錢、美女、名車、豪宅等應有盡有，還可以呼風喚雨、頤指氣使。所以，有人爲了權力可以不擇手段，不惜一切。但是人們卻沒有看到，權力的獲得往往是以人格的屈辱作爲代價的，爲了保持心理上的平衡，使自己從心靈上、情感上獲得補償，權力的擁有者會以加倍的專制和冷酷來役使那些意圖從自己手中討取利益的人，權力的角逐者永遠陷入二重人格的痛苦、矛盾和分裂中……

一個人要以清醒的心智和從容的步履走過歲月，他的精神中就不能缺少氣魄，一種視功名利祿如浮雲的氣魄。正所謂：「良田萬頃，日食幾何?華廈千間，夜眠幾尺?」即使生前萬般積聚，富可敵國，但是到了死後，不過僅得數尺葬身之地，所以說，世間的一切功名財富都是過眼雲煙。

不拘於物，是古往今來許多人一生的所求。視功名利祿如浮雲，不必為過去的失去而後悔，不必為現在的失意而煩惱，也不必為未來的不幸而憂愁。拋開名利的束縛和羈絆，做一個本色的自我，不為外物所拘，不以進退或喜或悲，待人接物豁然達觀，不為俗世所滋擾。煩惱和羈絆都是由於自己的不能捨棄或是看得太重而引起的。

5 無常的錢財是一種拖累

把無常的錢財帶在身邊，那實際上是一種拖累。——慧律法師

能安於貧賤的人是有福之人，因為他們心裡無財富的掛念，所以活得瀟灑。而能在富貴中保持清心寡欲的更是有福之人，因為他們心裡、眼裡都無財富的掛礙，所以

活得幸福。

人們往往被金錢迷惑了雙眼，在歡樂的日子裡，想不到痛苦的一面，唯有超卓的人才不至於墮落。

一位老居士的家中生了一個男孩，長得英俊端莊，父母非常疼愛。

這孩子從小就聰明異常，和一般的小孩子完全不同。他在無憂無慮中快樂地度過了黃金般的童年。雖然他生長於安逸的環境中，但仍能瞭解人生的痛苦和罪惡。因此，他在成年以後，就辭親出家當比丘。

有一次，在教化回來的森林裡遇到一隊商人，他們到外鄉經商路過此地。當時已是傍晚，夕陽西下，商人們紮營住宿。比丘看到這些商人以及大小的車輛載著大量貨物，並不關心，只管在離商隊營帳不遠的地方徘徊踱步。

這時，從森林的另一端來了很多山賊。他們打聽到有商隊經過，就想乘夜幕降臨以後劫掠財物。但當他們靠近商營的時候，卻發現有人在營外漫步。

山賊怕商隊有備，所以想等大家都睡熟才好動手，然而營外巡邏的那個人，通宵不入營休息。天已漸亮了，山賊因無機可乘，只得氣憤地大罵而走。正在睡覺的商人，忽然聽到外面的吵鬧聲跑出來看，只見一大隊的山賊手執鐵錘木棍往山上跑去。營外有一位出家人站在那兒。

商人驚恐地走向前去問道：「大師！您見到山賊了嗎？」

「是的，我早就看到了，他們昨晚就來了。」比丘回答說。

「大師！」商人又向前問道：「那麼多的山賊，您怎麼不怕？獨自一個人，怎能敵得過他們呢？」

比丘心平氣和地說道：「各位！見山賊而害怕的是有錢人。我是一個出家人，身無分文，我怕什麼？賊所要的是錢財寶貝，我既然沒有一樣值錢的東西，無論住在深山或茂林裡，都不會起恐懼心。」

比丘的話使眾商人醒悟，他們認識到自己的凡俗，對世俗的金錢，大家肯捨命去爭取，而對真實自由自在的平安生活，反而視若無睹。於是他們決心跟著這位比丘出家修行。

中國有句古話叫做：人生有三寶，醜妻、薄地、破棉襖。因為貧窮，人才無恐懼心；因為貧窮，人才有上進心。艱難困苦是人生的一筆財富。它可以化無形為有形，並提醒你時刻保持冷靜、清醒，正確對待有形的財富。

香港富豪徐展堂出身名門望族，幼年生活可說優裕富貴。但上天似乎有意要考驗他。他十三歲時，父親生意失敗，不久又染上肺癆去世。年幼的徐展堂一下子從蜜罐掉進了苦海。當時，徐展堂剛讀完小學，無奈只好放棄升學，出來謀生，提起幼年時未有更多讀書機會，徐展堂至今還感到遺憾。

年僅十三歲的徐展堂不得不涉足社會，面對人生。他曾從事過多種低微的職業，從十幾歲至二十幾歲這段期間，是他一生中最爲艱苦奮鬥的時間。艱難的經歷不僅沒有消磨他的意志，反而激發他的鬥志。他不甘心久居人下，白天工作，晚間則上夜校進修，學習英語，大量閱讀歷史書籍和名人傳記，從中汲取思想養分。就這樣，他終於成爲香港傳媒界眼裡的新星。

無財是一種福氣，能很好利用財富的人同樣享有這種福氣，佛陀所說的斷掉各種貪欲，並非是說讓人變得無情無欲，而是說要消除人的不合理的有礙身心健康的欲望，從而完善人生，使人生更加幸福。

6 樹立正確的財富觀

說到財富，是我們每一個人所希望、所喜歡的，但是，財富對於每一個人，並不一定是最好的東西。——星雲大師

財富是一個人人生成功的重要標誌，也是其社會地位的象徵。商品經濟的發展和市場體制規則的確立，爲財富提供了嶄新的定義，賦予了財富與以往截然不同的內涵，也刷新了我們對財富的認識和期待。正確的財富觀，才是一個人最大的財富。

以前，一提到富人，總會凸顯貪婪、剝削、爲富不仁的醜惡面孔。財富總是與私

有霸占緊密聯繫在一起，像臭豆腐一樣，讓人「聞起來臭，吃起來香」。

無論處於什麼樣的社會形態下，人們對財富的心態都是非常複雜的，滲透了歷史的和現實的多重因素。才能、付出和機遇的差異，決定著一個人創造財富與佔有財富的不同程度和不同心態。有的人，對創造財富充滿信心，對佔有財富表露喜悅，即使對財富的佔有者也常懷敬仰垂羨之心；有的人，對自己創造財富的能力與機會充滿疑惑和失意，對財富的佔有者心懷嫉恨之意，這是源於每個人不同的財富觀。

錯誤的財富觀，似乎成爲一些人腦海當中理所當然的觀念。一部分人認爲，自己的財富得益於創富時代提供的從業機會。他們會爲了發財致富，不惜通過歪門邪道，偷稅漏稅，以不正當手段暴富；另一部分人卻因爲技術、資本、機遇、才能等原因被推向社會的高點。富起來的，要求追逐財富的自由不受發展時空的限制；在高點的，要求生存的願望不受財富擴張的擠壓，於是發生了情感願望（實質是物質利益）的衝突，甚至產生了仇恨和報復的畸形心理，最終扭曲爲綁架、槍殺等犯罪行爲。

我們並不否認仇富心理的存在。問題在於，這種仇富心理是怎麼產生的？果真是一種骨子裡存在的民族劣根性嗎？其實，在任何時代和任何民族，對財富的眼紅都是一種必然心態，只是人們往往會自覺地找到平衡這種心理的藉口，譬如把這種富人財富的擁有理解成對方巨大代價和艱苦努力的付出，祖輩打拼下的遺蔭，等等。但是一旦自己替對方尋找的富裕的理由不能令自己信服，或者認爲對方付出的富裕成本太過低廉，那種不公平感就會升級到仇視，仇富心理也就產生了。

在許多發達國家，富人自己花錢小心翼翼，但給社會捐款則爭先恐後。然而，有的富人只知道炫耀自己的財富，甚至借助財富帶來的便利對窮人進行直接或者變相的欺壓，這當然會使窮人不可避免地產生仇富心理，在仇富心理的作用下，一定不會有一個積極健康的財富觀。

積極健康的財富觀教給人的是兩方面內容：正確認識金錢；正確使用金錢。現實生活中有人一擲千金，自信「千金散盡還復來」；有人量入爲出，擔心「一分錢難倒英雄漢」。正是在對金錢的認識和使用過程中，人們養成了各自不同的財富觀。

每個人都要學會像百萬富翁那樣去思考，這句話點出了財富觀的關鍵之處。首先，要認識到天上不會掉餡餅，圖書、巧克力、房子、汽車這些都需要用金錢去購買，而金錢需要通過個人努力的工作與奮鬥去獲得，所謂「君子愛財，取之有道」。其次，有了金錢以後要善於使用它，使它創造更大的價值。

樹立正確的財富觀，可以優化財富品質，消除仇富心理，共同創造和分享財富。正確財富觀的樹立需要我們明白什麼是財富，如何才能創造財富，同時也需要尊重和加強財富的制度激勵與引導。

「君子愛財，取之有道」。我們必須對財富有一個正確的認識。只有這樣，我們才能懂得合法求財、合理使用；才能從容地駕馭它，而不是被它左右；才能成爲財富真正的主人。

7 財富不屬於擁有者，而屬於享有者

一萬塊錢吃一頓不舒心的飯，不如一塊錢開開心心地吃兩個饅頭，這就是擁有和享有的區別。擁有金錢、地位、美食等，僅僅代表著這些東西在法律上是你的，並不代表著你能夠真正享受它們，是否能夠真正感受到內心的幸福。——星雲大師

別人是大富豪，有億萬家財，可以建電影院、建圖書館、建公園；而我們是市井小民，但是我們可以看電影、看書，可以到公園去散步。我們不要一味地「佔有」，也不要「擁有」，因爲我們可以做到用心去「享有」。

很多人總是「擁有」，但無法「享有」。爲了賺錢整天忙裡忙外，早出晚歸，爲的就是過上好日子，可是日子變得越來越好，自己的心也變得越來越累，錦衣玉食、高樓廣廈紛紛無福消受，或者也根本體會不到有任何獨特的滋味。所以許多人看起來是有錢人，但是他們根本說不上是真正的富人，因爲他們在物質上富有了，在精神上卻是空虛的。

一天，有個富翁經過一個小漁村，正好碰到一個漁夫打魚回來，破舊的漁

船上堆著一些剛打撈上來的魚。富翁走向前去，和漁夫聊了起來。

富翁問漁夫：「你打這些魚需要多久時間？」

「用不了多久。」漁夫說。

「那你為什麼不多打一會兒呢？」

漁夫笑了：「這些就夠吃了。」

富翁很奇怪，問：「你每天剩下的時間都做些什麼呢？」

漁夫想了一會說：「我會領著孩子們玩一會兒，陪陪妻子，晚上到村子裡和朋友們一起聊聊天，喝點酒……」

「噢，原來是這樣，」富翁點點頭，「我可以幫助你過上一種幸福的生活。」

漁夫不解地看著富翁。

富翁說道：「你可以這麼做：從今天開始，以後每天多打一會兒魚，用多餘的錢再買幾條漁船，讓這些船也繼續多打魚，這樣過不了多久，你就會有一支自己的船隊。然後把魚直接賣給批發商，或者，你也可以自己把魚批發出去，賣給內地的村民們，那裡市場很大，非常需要新鮮的魚，你的魚在那裡可以賣到高價。」

「這樣需要多久時間呢？」漁夫問。

「十五到二十年吧。」

「這樣看上去不錯，然後呢，還有什麼好處？」漁夫問道。

「以後你就可以過上一種幸福的生活了。」富翁接著說，「你可以回到海邊，閒暇時到海邊釣釣魚，領著孩子玩一玩，或陪陪你的妻子、父母，晚上和你的朋友們喝喝酒、聊聊天，做什麼都可以。」

漁夫反問富翁：「我現在每天不都是這樣過的嗎？我為什麼要浪費二十年時間去追求我已經擁有的生活呢？」

富翁聽了無言以對。

「享有」比「擁有」貴重多了，因爲人生有很多我們擁有不了的，但是我們卻可以享有。宇宙星辰、山河大地、花開花謝、鳥啼蟲鳴、金石古董、字書碑帖……不一定要將它擁入懷中，放之在浩瀚天界，展之在博物館中，都可以令人享有。擁有的不一定會享有，會享有的不一定擁有。很有錢而不懂得使用的，還不如擁有適當的錢，懂得好好地使用它。

有一句名言叫：「財富不屬於擁有者，而屬於享有者。」擁有了物質並不代表就會快樂，有時我們得到了某一樣物質的同時也可能失去我們最寶貴的東西，比如時間、健康。金錢重要的不是我們賺到了多少，也不在於有多麼豐厚的存款，而是在於我們哪些錢花到了正確的地方，讓我們感到愉悅和滿足，這才是真正地享有生活。

8 善於合作的人，才能收穫最大的財緣

待人不可任己意，當順人情；處事不可任己見，當順事理。——《白話百喻經》

「四海之內皆兄弟」，「互相關心，互相愛護，互相幫助」，正在成爲時代的風尚。但也要看到，有些地方過多地強調個人奮鬥，而忽略了應該怎樣與他人合作以取得成功，更忽略了如何在競爭中不傷害別人。目前一些人正流行「叢林哲學」的價值觀，即所謂的弱肉強食、優勝劣汰。爲了達到個人目的，可以不擇手段，這無疑是極不可取的。要知道，競爭以不傷害別人爲前提，競爭以共同提高爲原則。競爭不排斥合作，良好的合作促進競爭。在競爭中互相幫助達到雙贏才是目的。

有人說，堵塞別人的道路等於斷了自己的退路！凡事留一線，這一線不光光是留給別人的，有時候也是留給自己的。

一隻狼發現了一個山洞，這個山洞是動物們去往樹林唯一的通道。這隻狼很高興，牠想：只要守住這個洞，那就衣食無憂了。於是牠便等在山洞的另一頭，等著動物們來送死。

第一天，來了一隻羊。狼拼命地追了過去，可是這隻羊發現了一個可以逃命的小洞，便從小洞中倉皇逃跑。狼氣急敗壞，於是堵住了這個洞。

第二天，來了一隻兔子。狼照舊拼命地追趕兔子。結果，兔子在危急時刻也發現了一個比昨天更小的洞逃脫了，狼再次把小洞堵上了。

第三天，洞口出現一隻松鼠。狼奮力追捕，但是松鼠還是找到了一個洞口鑽了出去。狼再也受不了啦，牠瘋狂地封住所有的洞，並且在上面糊上厚厚的泥巴，牠心想，這回可是萬無一失了吧！

第四天，一隻老虎從洞口躥了出來，狼嚇得拔腿就跑，可是所有的洞口都被牠封死了，狼在裡面找不到任何出路，最終被老虎吃掉了。

這隻貪心的餓狼因為沒有留下絲毫的餘地，所以將自己置於死地，斷送了逃生的希望。

這是一個講求「雙贏」的時代，對手有時候也是夥伴，若是絲毫餘地都不留，那恐怕也沒有誰會與你合作交往了。

有時候爲了別人的利益，可能會犧牲我們部分的利益，表面上看，我們是吃虧了，但是從大局來看，我們可能還是贏家。

兔子因驕傲在賽跑中失利後，進行了深刻的反省，決心和烏龜作第二次較量，烏龜接受了兔子的挑戰，結果這次兔子輕鬆地戰勝了烏龜。烏龜很不服氣，主張再賽一次，並由自己安排制定比賽路線和規則，兔子同意了。

當兔子遙遙領先烏龜而洋洋自得時，一條長長的河流擋在面前，這下兔子犯難了，坐在河邊發愁，結果烏龜慢慢地趕上來，再慢慢地游過河而贏得了比賽。

幾番大戰後，龜兔各有勝負，牠們厭倦了這種對抗，最終達成協議，再賽最後一次，於是人們看到了陸地上兔子背著烏龜跑，水中烏龜背著兔子游，最後同時到達終點……

中國有句俗話說得好：「多個朋友多條道，多個敵人多堵牆。」這個道理是無所不在的。如果一個人樹敵過多，不僅會讓人邁不開步，即使是正常的工作，也會遇到種種不應有的麻煩。

要避免樹敵，你首先得養成這個習慣，那就是絕不要去指責別人。指責是對別人自尊心的一種傷害，它只能促使對方起來維護他的榮譽，爲自己辯解，即使當時不能，他也會記下你這一箭之仇，日後尋機報復。

所以，要想收穫，就必須學會交友，不要樹立太多敵人，這樣才可以和他人良好地合作。

生活中不難發現，廉頗與藺相如「將相和」的歷史劇一直在演。廉頗自恃積功過人，多次故意見辱於後來居上的藺相如，而後者見狀忍讓，不與爲敵，不願去爭，直至後來廉頗負荊請罪演繹流傳千古的「將相和」，只有善於合作的人才能收穫最大的財緣。

第七章

福緣——最大的福氣是清福

心底清靜，不受外界環境干擾

人生的大戲不可能永遠處於高潮，平平淡淡才是真，擁有淡泊之心，便能撥雲見日，否則，只能在生活的邊緣徘徊，只能捨本逐末。——聖嚴法師

在生活中，有的人太敏感，別人的一句話、一個眼神，都會干擾他的情緒，影響他的心情，進而影響到他的工作和生活。諸葛亮說過：「非淡泊無以明志，非寧靜無以致遠。」只有心底清靜，不受外界環境干擾，心無掛礙，才能堅定自己的志向。

唐朝有一個有源和尚對佛律很有研究，聽說慧海禪師在這方面也很有心得，便去拜訪。

第一次去見慧海，他吃飯時狼吞虎嚥，彷彿無人在旁。有源轉身離去。

第二次去見禪師，他大白天正在睡大覺，呼嚕打得連天響。有源又搖頭離去。

第三次，慧海禪師沒吃飯也沒睡覺，請他相坐而談。有源就問：「和尚你修道還用功嗎？」

禪師答道：「用功。」

有源心想「真是大言不慚」，便又問道：「請問和尚是如何用功的？」

慧海禪師知道問話的含義了，便說：「餓了就吃飯，困了就睡覺。」

「難道人們都像你這樣用功嗎？」

「不，」禪師答道，「有些人該吃飯的時候不肯吃，該睡覺的時候不肯睡，千般計較，所以是不同的。」

一個人如果能拋開雜念，就能在喧鬧的環境中體會到內心的平靜。

人人嚮往平靜，然而，生活的海洋裡因爲有名譽、金錢、房子等的誘惑而難得寧靜。許多人整日被自己的欲望所驅使，好像胸中燃燒著熊熊烈火一樣。一旦受到挫折，一旦得不到滿足，便好似掉入寒冷的冰窖中一般。生命如此大喜大悲，哪裡有平靜可言？

人們因爲毫無節制的狂熱而騷動不安，因爲不加控制欲望而浮沉波動。只有明智之人，才能夠控制和引導自己的思想與行爲，才能夠控制心靈所經歷的風風雨雨。

有一個小和尚，每次坐禪時都幻覺有一隻大蜘蛛在他眼前織網，無論怎麼趕都不走，他只好求助於師父。

師父就讓他坐禪時拿一枝筆，等蜘蛛來了就在牠身上畫個記號，看牠來自何方。小和尚照師父交代地去做，當蜘蛛來時，他就在牠身上畫個圓圈，蜘蛛走後，他便安然入定了。

當小和尚做完功課一看，卻發現那個圓圈在自己的肚子上。原來困擾小和尚的不是蜘蛛，而是他自己，因為他心不靜，所以才感到難以入定。

正像佛家所說：「心地不空，不空所以不靈。」在生活中我們產生的煩惱、痛苦、絕望、發怒或者從容、自在、快樂、閒適之類的感受，都源於我們的心。任何事情都可能會像「大蜘蛛」一樣來騷擾我們，無論何時，我們的心都會對我們的情緒進行影響，或悲或喜，或煩惱或自在，進而對我們的生活產生影響，有「大蜘蛛」不可怕，關鍵在於我們能夠看清楚它們，並把它們趕跑。

是的，環境影響心態，快節奏的生活，無節制地對環境的污染和破壞，以及令人難以承受的雜訊等都讓人難以平靜，環境的攪拌機隨時都在把人們心中的平靜撕個粉碎，讓人遭受浮躁、煩惱之苦。然而，生命的本身是寧靜的，只有內心不爲外物所惑，不爲環境所擾，才能做到像陶淵明那樣身在鬧市而無車馬之喧，正所謂「心遠地自偏」。

2 身邊的幸福最容易被忽略

福不可以享受到盡頭，假如福享受盡了，幸福和快樂的泉源就會枯竭。——法演禪師

雪峰、岩頭、欽山禪師三人結伴四處參訪、弘法。

有一天行腳經過一條河流的路邊，遠處山腰處是星星點點的房子，三人正計畫要到何處托缽乞食時，看到河中從上游漂下一片很新鮮的菜葉。

欽山說：「你們看，河流中有菜葉漂流，可見山腰處的人家正在準備飯食，我們走過去，就能剛好享用。」

岩頭說：「這麼完好的一片葉，竟如此讓它流走，實在可惜！」

雪峰點頭讚許道：「如此不惜福的村民，不值得教化，我們還是到別的村莊去乞化吧！」

當他們三人你一句、我一句地在談論時，看到一個人匆匆地從上游那邊跑來，問道：「師父！您們有沒有看到水中有一片菜葉流過？因我剛剛洗菜時，不小心一片菜葉被水沖走了。我現在正在追尋那片流失的菜葉，不然實在太可惜了。」

雪峰等三人聽後，哈哈大笑，不約而同地說道：「這必定是一個惜福之人，那我們就去他家為他添福吧！」

常常有人說：「我爲什麼這麼不幸，爲什麼感覺不到幸福？」其實身邊的幸福是最容易被忽略的，雖然沒有黃金萬兩卻有親人的問候，雖然沒有身居高位但是生活輕鬆自得，雖然諸事不能如願但是身體健康，年紀尚輕……這些都是我們應該珍惜的幸福，有多少人已經忘記了給自己的家人多多問候，有多少人拼命工作卻累壞了身體，又有多少人總是覺得自己不幸福，讓身邊的人不愉快。

宋代的高僧法演禪師說得好：「福不可以享受到盡頭，假如福享受盡了，幸福和快樂的泉源就會枯竭！」所以，要好好愛惜我們的福。人世間，沒有災殃禍患就是福，無奈很多人身在福中不知福，鋪張浪費，追求物質，「吃著碗裡瞧著鍋裡」，不斷追求，到了手又不珍惜，如此惡性循環。

樵夫上山砍柴的時候撿回來一隻受傷的漂亮的銀鳥，他非常喜歡這隻銀鳥，一直悉心照料牠傷口痊癒，銀鳥每天鳴叫，聲音極為好聽。

有一天，樵夫的一個朋友說他見過金鳥，比銀鳥更好看，叫聲更好聽，樵夫便開始茶不思飯不想地想得到金鳥，便冷落了銀鳥。銀鳥見狀便朝著夕陽飛去，這時樵夫才發現在夕陽的照射下銀鳥變成了金鳥，頓時後悔不已。

與其日後追悔莫及，不如好好珍惜當下，我們身邊的一草一木、一個小東西都需要我們來珍惜。珍惜這份福，才能體會到更多的福。

日本著名作家、藝術至上主義者芥川龍之介說：「希望自己的人生過得幸福和快樂，必須從日常的瑣事愛起。」做一個平凡的人，每天夜晚結束了一天的工作生活，躺在床上，看看身邊靜靜入睡的孩子，聽聽窗外蟲鳴啾啾，輕風掠過，想著又平平安安地度過了一天，難道不是一種幸福嗎？

不要渴望自己能夠搖身一變成爲一位偉人，凡事需要從平凡做起，懂得平凡，安於平凡的人最終才能夠在自己的工作領域內取得良好的成績——正如海爾集團首席執行官張瑞敏說的那樣：「把每一件簡單的事做好就是不簡單！把每一件平凡的事做好就是不平凡！」

對幸福的要求不要過高，把點滴生活裡最平凡的幸福收集好，當幸福的感覺來臨時，找個筆記本將那種瞬間的幸福體驗記錄下來。就這樣一路收集，失意的時候想想那些美好的幸福時光，心靈就會豁然開朗起來。

3 在智者的眼裡，痛苦是福

對於智者來說，生命中的每一次拔高，都緣於腳下有一把堅實的梯子——痛苦。——弘一法師

有些人經常把不幸的事掛在嘴邊。他們在逆境中總是固執地認爲是命運在這裡與自己過不去。他們的抱怨總是過分強調外在因素，而未能從自身主觀因素上查找失誤原因，而對於不幸的命運，越是抱怨，就越覺得痛苦。現實社會中，每個人都應該深刻地認識到，生命的整體是相互依存的，每一種東西都會依賴其他一些東西存在。

其實一個人的潛能是無法估量的，之所以平常沒有顯現出來，那是因爲我們處在良好的環境之中。如果我們遭受到巨大的困難和打擊，自身的潛能就會自然地被激發出來。

弘一法師說：「在智者的眼裡，痛苦是福，沒有痛苦，則無歡樂。因爲歡樂與痛苦是雙胞胎，痛苦是歡樂的親兄弟。躲避痛苦的親吻，歡樂也失去了甜蜜的本味。沒有痛苦，生活將不是五色；沒有痛苦，便不懂人生百味的真正滄桑。享受痛苦時，生命不再是單純的苦澀，痛苦使原本平庸的生活更耐咀嚼。」

一位外國製造樂器的匠人曾說過，他製作樂器選材，從不選擇那些光溜溜一帆

風順成長出來的材質。他跋山涉水，專門找尋那些被火燒過、雷擊過、蟲蛀過……總之，是遭受外力因素摧殘過的材質。這樣的木材做成的樂器，常常能發出非比尋常的聲音，達到意想不到的效果。我們中國古代焦尾琴的來歷，也很好地說明了這一點。

由木材想到人，那些在順境中長大的人，他們優越而幸福，但像一杯甜甜的糖水，少了許多讓人回味的東西；而那些歷經了磨難的人，卻像一杯清茶一樣，茶葉因沸水沖泡才釋放出深蘊的清香，生命也只有在歷經挫折後，才能放射出異樣的光彩。

而人自從有了生命，便沉浸在恩惠的海洋裡。一個人只有真正明白了這個道理，就會感恩大自然的福佑，感恩父母的養育，感恩師長的教誨，感恩親友的關愛，感恩食之香甜，感恩衣之溫暖。就連苦難逆境，就連傷害自己的人，也不忘感恩，因爲真正促使自己成功，使自己變得智慧勇敢、豁達大度的，不是優裕和順境，而是那些常常置自己於死地的打擊、挫折。對於智者來說，生命中的每一次拔高，都緣於腳下有一把堅實的梯子——痛苦。

鑒真十四歲時被智滿和尚收為沙彌，做了大雲寺內很多僧人都不願做的行腳僧。剛開始的時候，鑒真感覺到做行腳僧非常辛苦，經常不能按時起床出去化緣。

有一天，已經日上三竿了，智滿師父發現鑒真依舊沒有起床，就去叫鑒真起床，並問他：「鑒真，你怎麼還不起來呢？」

「師父，我剛剃度才一年多，就穿爛了這麼多的鞋子，做行腳僧太苦了！」鑒真指著自己床前一堆破破爛爛的芒鞋說。

聽鑒真這麼說，智滿師父馬上就明白了是怎麼回事。他微微一笑，對鑒真說：「你隨我到寺前的路上走走看看吧。」

大雲寺前面是一座黃土坡，由於剛下過雨，雨水把黃泥水沖到了寺前的路面上，致使路面泥濘不堪。

智滿和鑒真兩個人站在寺前的空地上，拍著鑒真的肩膀說：「我記得你昨天在這條路上走過，你留下腳印了嗎？」

鑒真不解地看了智滿師父一眼，搖了搖頭說：「昨天，這條路又平又硬，我哪能留下自己的腳印呢？」

「今天呢？如果你今天再在這路上走一遭，你能找到你的腳印嗎？」

鑒真說：「當然能了。」

「為什麼？」

「這還不清楚嗎？只有泥濘的道路才能留下深深的腳印呀！」說到這裡，鑒真突然自己開悟了，他轉過身來對智滿師父說，「師父，弟子明白了！要想修煉成佛，必須經歷苦難。」

的確，當大多數人忙著收穫歡樂和幸福的時候，有些人卻忙著收穫痛苦，當然收穫痛苦並不是生存的必須，沒有痛苦，人們可以繼續活著，而且活得更加安逸。痛苦只是對少數人來說是生命的必需，對於這些人來說，品味痛苦，享受痛苦是一種自覺，是一種嗜好，是一種意境。

痛苦是智慧的第一抹曙光。造物主之所以這樣安排，是因爲人生的許多道理，不是靠聰明就能夠理解的，而是要靠痛苦後的徹悟。如果說歡樂是朋友的話，痛苦則是老師；如果說歡樂帶來聰明和純真的話，痛苦則帶來深刻和成熟。

痛苦和歡樂一樣，它讓我們的生命增加韌性，我們從歡樂中迷失的，往往能從痛苦中找回來。痛苦是上蒼對我們的愛，他希望我們成長、感悟，能夠體會和珍惜幸福，能夠以同情之心對待他人，能夠手潔、心清、愛人如己、滿足、感恩。

4 忍耐是人生的增上緣

忍辱，不但是要忍受別人給予的辱，同時更要忍自己遭遇的境，要於窮困痛苦的逆境中，忍頹喪卑賤之念不生；於富貴順利的佳境中，忍驕矜沉迷之念不生；於不順不逆、萬法生滅的常境中，忍隨俗浮沉之念不生。——淨空法師佛家把忍耐作爲修行必須經歷的過程。一個想修佛的人不但要學會忍，而且要時時記住忍，把忍耐作爲磨礪生命的第一要務。

俗話說「忍」字頭上一把刀，忍就像拿刀割自己的心一樣，是很痛苦的事情。但是人類爲了生存必須學會忍，忍耐是人類適應自然選擇和社會競爭的方式。一時不能忍，鑄成大錯，不僅傷人，而且害己，此爲匹夫之勇。弘一法師說：「己性不可任，當用逆法制之，其道在一『忍』字。」

在有的人眼中，忍耐常常被視爲可欺。我們中國人認爲忍耐是一種修養，一種美德。忍耐能夠磨練人的意志，使人處事沉穩，面臨厄運泰然自若，面對毀譽不卑不亢。

月船禪師是一位善於繪畫的高手，可是他每次作畫前，必堅持購買者先行付款，否則決不動筆，這種做法，經常有社會人士微詞批評。

有一天，一位女士請月船禪師幫她作一幅畫，月船禪師問：「你能付多少酬勞？」

「你要多少就付多少！」那女子回答道，「但我要你到我家中當眾揮毫。」

月船禪師允諾跟著前去，原來那女子家中正在宴客，月船禪師以上好的墨為她作畫，畫成之後，拿了酬勞正想離開，那女士卻對宴桌上的客人說道：「這位畫家只知要錢，他的畫雖畫得很好，但心地骯髒，金錢污染了它的善美。出於這種污穢心靈的作品是不宜掛在客廳的，它只能裝飾我的一條裙子。」

說著，便將自己穿的一條裙子脫下，要月船禪師在上面作畫。

月船禪師問道：「你出多少錢？」

女士答道：「哦，隨便你要多少。」

月船開了一個特別昂貴的價格，然後依照那位女士要求畫了一幅畫，畫畢立即離開。

很多人懷疑，為什麼月船禪師只要有錢就好？受到任何侮辱都無所謂的月船禪師，心裡是何想法？

原來，在月船禪師居住的地方常發生災荒，富人不肯出錢救助窮人，因此他建了一座倉庫，貯存稻穀以供賑濟之需。又因他的師父生前發願建寺一座，但不幸其志未成而身亡，月船禪師要完成其志願。

當月船禪師完成其願望後，立即拋棄畫筆，退隱山林，從此不復再畫。他只說了這樣的話：「畫虎畫皮難畫骨，畫人畫面難畫心。」錢，是醜陋的；心，是清淨的。

忍耐是事業成功的奠基石。吃得苦中苦，方爲人上人。忍耐能讓你超越平庸，讓你的尋常人生閃爍光彩。只要你真有能耐，能默默忍耐這一切，不向命運低頭，命運是會向你低頭的。

忍，不要用力，用力去忍的忍，是不長久的忍。有力者，「先忍之於口」，不在語言上和人計較；「再忍之於面」，臉上沒有不悅的表情；「後忍之於心」，以慈悲心、平等心包容怨恨、差別。

山裡有座寺廟，廟裡有尊銅鑄的大佛和一口大鐘。每天大鐘都要承受幾百次撞擊，發出哀鳴。而大佛每天都會坐在那裡，接受千千萬萬人的頂禮膜拜。一天夜裡，大鐘向大佛提出抗議說：「你我都是銅鑄的，可是你卻高高在上，每天都有人對你頂禮膜拜、獻花供果、燒香奉茶。但每當有人拜你之時，我就要挨打，這太不公平了吧！」

大佛聽後微微一笑，安慰大鐘說：「大鐘啊，你也不必羨慕我，你可知道嗎？當初我被工匠製造時，一棒一棒地錘打，一刀一刀地雕琢，歷經刀山火海的痛楚，日夜忍耐如雨點落下的刀錘……千錘百煉才鑄成佛的眼耳鼻身。我的苦難，你不曾忍受，我走過難忍的苦行，才坐在這裡接受鮮花供養和人類的禮拜！而你，別人只在你身上輕輕敲打一下，就忍受不了了！」大鐘聽後，若有所思。

有人把忍耐分爲三個層次：一叫外忍，爲生計忍受，乃至適應諸多環境因素，但不能爲外在環境所同化；二叫內忍，對自身產生的貪、忿、癡等，能自醒、自重、自制，獨善其身；三叫忍無可忍，即是將「忍」作爲人生的常態，悟得真諦，識得真相，把握主動，隨遇而安，得之淡然，失之泰然。此可謂「忍」的最高境界。

所以，忍辱者能增長其力，養成平等互融之心境。淨空法師亦言：「忍辱，不但是要忍受別人給予的辱，同時更要忍自己遭遇的境，要於窮困痛苦的逆境中，忍頹喪卑賤之念不生；於富貴順利的佳境中，忍驕矜沉迷之念不生；於不順不逆、萬法生滅的常境中，忍隨俗浮沉之念不生。」

5 上界的福報——清福

不要用貪婪、嗔怒、愚癡的眼睛看這個世界，別忘了你還有美麗、智慧、悲憫、寬恕的另一隻眼。——慧律法師

我們毫無選擇地來到這個世界，從懂事開始便背負起各種壓力：學業的壓力、出人頭地的壓力、生存的壓力、情感的壓力、各種責任的壓力……於是，我們努力將自己變得聰明，希望將紛繁複雜的問題解決於無形之中；

凡事我們要更明白，不能稀裡糊塗，判斷失誤；我們要努力攀上一個個高峰，雖然那裡高處不勝寒，卻能一覽眾山小，博萬人仰慕；我們爲自己定下了無數個目標，它們大得出奇，只要一舉成功，我們就能成爲浪尖上的人物。於是，我們給自己施加壓力，忙啊忙，爭取啊爭取，攀越啊攀越……

可是，人生不如意十之八九，努力未必就能換來收穫，付出未必就能得到回報，期望的高度未必攀登就能到達，累死累活，費心勞力，最終可能還是兩手空空。於是，我們痛苦、憤怒、絕望，整日唉聲嘆氣、煩惱苦悶、自我貶毀。原本鳥語花香的人間天堂，被我們過成了暗無天日的灰色地獄。

曾有位國王一直很鬱悶：「要是我能像神仙一樣每天不用為衣食發愁，還可以四處雲遊，逍遙自在，那該多好啊！」面對著案桌上要批閱的文書，他皺著眉頭，自言自語道：「日理萬機的生活真是好辛苦啊！」於是，他走出宮廷，到寬大的御花園裡散心。

讓他感到驚詫萬分的是，原本生機盎然的花園現在卻一派蕭條，花和樹都枯萎了。

「你昨天不是還好好的嗎？今天怎麼就枯萎了？」國王對橡樹說。

「我沒有松樹那麼高，於是我一直不停地往上提升自己，結果，我的根脫離了孕育我的土壤……」橡樹有氣無力地說。

「可是，松樹，你為什麼也死了呢？」國王好奇地問松樹。

「我不能結和葡萄一樣的果子，終日難過，不久就氣死了！」國王聽了感到很詫異。

然後，他更加詫異發現葡萄也蔫了，連忙問道：「連松樹都羨慕你，你怎麼也氣息奄奄了啊？」

「您看，我一直不停地拼命生長，可還是不能開出鬱金香那樣美麗的鮮花……恐怕我就要抑鬱而死了……」

讓國王欣慰的是，在他的腳旁生長著一棵茂盛的小草，他差點就把它踩在了腳底下。

「小傢伙，你叫什麼名字？」

「我叫心安草。」小草搖頭晃腦地回答。

「別的植物都枯萎了，只有你還在茁壯地生長，這是為什麼呢？」

「因為我只想安心地做一棵安心草啊！」

只有安心享受自己的生活樂趣，才能生活得很好，即使自己是默默無聞的。爲什麼我們不想得明白點、透澈點？我們努力打拼、積極爭取、拼命想要的，其實不過浮雲一縷，百年後你能帶走什麼？是功名嗎？財富嗎？事業嗎？虛名嗎……不！一樣也沒有。我們赤條條地來到這個世界，又赤條條地離開。我們只是走了一段路，沿路做了一些事。隨著你的消失，你做過的一切也都將煙消雲散。

我們總是爭強好勝，總想事事第一，總想擁有最多，總想天底下所有的好事都是自己的，於是，我們不停地爭啊、搶啊。可是，爭取得越多想要得越多，擁有得越多越不滿足，所以，我們眼紅、生氣、抱怨、上火。擁有那麼多，快樂那麼少。這世上的東西，你生不帶來死不帶去，何苦把過程做成算術題？

一個小鎮上，一位九十歲的老人過生日，很多人都來祝賀這位壽星，連記者也來了，老人自豪地對記者說：「我是這兒最富有的人。」

政府的稅收人員聽說這件事後，覺得很是疑惑，因為自己工作這麼多年來，從來沒有從老人那裡收過任何的所得稅。

為了弄清事情的真相，稅收員找到老人的住所，問他：「聽說您是本地最富有的人，這是真的嗎？」

「當然。」老人爽朗地回答道。

稅收員這才仔細地觀察了一下老人住的房子，但是怎麼看也不像是富有人家該有的樣子。於是，稅收員就接著問：「您能告訴我您具體有多少資產嗎？」

老人說：「身體健康是我的第一項財富，別看我現在已經九十多歲了，我的健康狀況可未必會輸給那些小夥子們。」

對老人的回答，稅收員有些驚訝，他接著問：「那您還有其他財富嗎？」

「跟我一起生活了六十多年的賢慧妻子也依然健在，我的孩子們聰明又孝順，好多人都很羡慕我呢！」

「您有銀行存款或其他有價證券嗎？」稅收員又問。

「沒有。」老人十分乾脆地回答。

「那除了這所房子，您還有其他不動產嗎？」稅收員不死心地問。

老人仍然回答說沒有。

稅收員肅然起敬。「老人家，您的確是我們本地最富有的人，並且您的財富是誰也拿不走的。」他真誠地說。

弘一法師說：「真正的福報是什麼呢？清淨無爲。心中既無煩惱也無悲，無得也無失，沒有光榮也沒有侮辱，正反兩種都沒有，永遠是非常平靜的，這個是所謂上界的福報——清福。」

把一切看淡點，看輕鬆點，看無所謂點：不管別人有多少房，有一間能容我之身就夠了；不管別人有多少財富，我只要有一點能保暖果腹就行了；不管別人達到了怎樣的高度，我的腳步不停，每日攀登一點就好了！我不與人攀比，只是量丈自己的能力，做自己力所能及的事情，達到自己想要的目標。達不到，也不灰心，不氣餒。「身是菩提樹，心如明鏡台。時時勤拂拭，莫使惹塵埃。」拂去心境上的塵埃，能使我們的生活更覺清爽無阻。

6 厚植善因，必能福慧圓滿

吾人欲得諸事順遂，身心安樂之果報者，應先力修善業，以種善因。若唯一心求好果報，而決不肯種少許善因，是為大誤。——延參法師

人的事情之所以做得順利，能得到很多人的幫助，是因爲這個人以前做過很多好事，也幫助過別人。因此，若想得到好的果報，不肯先付出是不可能的。這正如農夫種地，想有好的收成卻不先辛勤種地，可能嗎？所以，我們若想事情有好的結果，就應該先付出，這樣才會有相應的收穫。福禍也是如此，塞翁失馬，焉知非福。有時候因爲自己的缺憾，反而爲自己帶來益處，生活就是這樣存在著因果福報的。

播種善因，收穫善果。勿以善小而不爲，勿以惡小而爲之，只要我們每天做一些力所能及的善行，將來必定收穫福報。

戰國時期，楚莊王賞賜群臣一起共歡飲酒，由他的寵姬在旁作陪。日暮時分正當酒喝酣暢之際，燈燭被風吹滅了。這時，有一個人因垂涎於楚莊王寵姬的美貌，加之飲酒過多，難於自控，便乘燭火熄滅之機，抓住了美姬的衣袖。

美姬一驚，奮力地掙脫，並順勢扯斷了那個人頭上的繫纓，私下還對楚莊

王說一定要查明此事，嚴懲此人。

楚莊王聽後沉思片刻，心想：「賞賜大家喝酒，讓他們喝酒而失禮，這是我的過錯，怎麼能為女人的貞節辱沒將軍呢？」

於是他命令左右的人說：「今天大家和我一起喝酒，如果不扯斷繫纓，說明他沒有盡歡。」於是群臣們都扯斷了自己帽子上的繫纓，待掌燈以後，大家繼續熱情高漲地飲酒，一直飲到盡歡而散。

過了三年，楚國和晉國開始打仗，有一個臣子常常衝在最前邊，帶領著軍隊一次一次地打退敵人，最後取得了勝利。莊王感到驚奇，忍不住問他：「我平時對你並沒有特別的恩惠，你打仗時為何這樣賣力呢？」他回答說：「我就是那天夜裡被扯斷了帽子上纓帶的人。」

正因為楚莊王給臣子留了餘地，才換來了下屬的忠心耿耿，這就是留餘地的精妙之處。

弘一法師說：「我們要避凶得吉，消災得福，必須要厚植善因，努力改過遷善，將來才能夠獲得吉祥福德之好果。如果常作惡因，而要想免除凶禍災難，哪裡能夠得到呢？所以第一要勸大眾深信因果了知善惡報應，一絲一毫也不會差的。」

有的人「事不關己，高高掛起」「只掃自家門前雪，不管他人瓦上霜」，不與人結緣，當然也不會有好運氣。有的人，只要心有餘力，就熱心助人，不求回報，好運自然會降臨，讓他平安順遂。想要有福報，必須先播撒福報種子，有善因才有善果，所謂「助人者，人恆助之」，多種一點善因，就多收一點福報。

世間的得失與取捨關係都是相通的，都符合因果循環。生活中，有因必有果，種善因，得福報。有失才有得，想要取必須先給予。要想得福報，必須先種善因，有付出才能有回報。「取」與「予」之間並不是相互對立的，如果我們只是一味地想去索取，那麼，我們將活在地獄；倘若我們懂得「先予而後取」的道理，那麼，我們便生活在天堂。

有人和佛陀在談論天堂和地獄的問題。佛陀對這個人說：「來吧，我讓你看看什麼是地獄。」他們走進一個房間，屋裡一群人正圍著一大鍋肉湯。每個人看起來都營養不良，一臉的絕望。他們每個人都有一把可以搆到鍋裡的湯勺，但湯勺的柄比他們的手臂還長，自己沒法把湯送到嘴裡，他們看上去是那樣的悲哀。

「來吧，我再讓你看看什麼是天堂。」

佛陀把這個人領入另一個房間。這裡的一切和上一個房間沒什麼不同。一鍋湯、一群人、一樣的長柄湯勺，但大家都在快樂地歌唱。

「我不懂，」這個人說，「為什麼一樣的待遇與條件，他們快樂，而另一個房間的人們卻很悲哀呢？」

佛陀微笑著說：「很簡單，在這裡他們會喂別人，會相互幫助。」

天堂與地獄的區別其實很簡單，他們的區別就是生活在天堂的人知道「欲取先予」，而生活在地獄的人只懂得「各取所需」。可見，助人才能助己，生存就是生活，一個不懂得與他人合作的人就等於把自己送進了地獄。

佛經上說：「善惡之報，如影隨形；三世因果，循環不失。此生空過，後悔無追！」所以我們應該正視因果循環，厚植善因，必能迎來福慧圓滿的生活。

我們也不必羨慕別人的福報比我大，也不必研究別人的福報從哪裡來，胡適說：「要怎麼收穫，先要怎麼栽。」已經種下善因的種子，自然能收到福報的果實。

7 大胸襟者，方有大福慧

你不喜歡他，不代表他不存在。你將厭惡寫在臉上，或者說話愛答不理，甚至是惡聲惡氣，只能說明你氣量狹小。能容得下不喜歡的人，並與之和睦相處，體現的不只是一個人的修養，更是一個人的氣度和胸懷。——海濤法師我們每天免不了要與形形色色的人打交道，在這些人中，難免會有自己不喜歡的人。比如你討厭的老闆，你不喜歡的長輩，你厭惡的同事，甚至與你素不相識的人。如果你與他們個個都要較真，你一天真的不知道要得罪多少人，也不知道要生多少氣。

我們早就不是單純的孩子，至少要懂得與人爲善，不輕易樹敵的道理，遇到不喜歡的人，適當的忍讓，保持表面關係上的和諧，才能顧全大局。我們要清楚，在當今這個社會，很多事都必須通過跟人打交道，通過團隊合作才能拿到想要的結果。

一位小和尚外出辦事，在返回途中，突然雷聲隆隆，下起了大雨。大雨滂沱，看樣子一時不會停止。小和尚心急四望，忽然發現不遠處有一座莊園，便立刻飛跑過去避避風雨。

因天已是傍晚，此處離寺廟還有很長一段路。小和尚就打算請求莊園的主人借宿一晚。

守門的僕人見是個小和尚敲門，問明來意，冷冷地說：「我家老爺向來和僧道無緣，你最好另作打算吧！」

「雨這麼大，附近又沒有其他的小店人家，還是請您給個方便。」小和尚懇求。

「我不能擅自作主，等我進去問問老爺的意思。」僕人入內請示，一會兒出來，仍然不肯答應，和尚只好請求在屋簷下暫歇一晚，結果，僕人依舊搖頭拒絕。

小和尚無奈，便向僕人問明了莊園主人名號，然後冒著大雨，全身濕透奔回了寺廟。

幾年後，莊園老爺納了個小妾，對其寵愛有加。小妾想到廟裡上香祈福，老爺便陪著一起出門。到了廟裡，老爺忽然瞥見自己的名字被寫在一塊顯眼的長生祿位牌上，心中納悶，找到一個正在打掃的小和尚，向他打聽這是怎麼回事。

小和尚笑了笑說：「這是我們住持三年前寫的，有天他淋著大雨回來，說有位施主和他沒有善緣，所以為他寫了一塊長生祿位。住持天天誦經，希望能和那位施主解冤結、添些善緣，至於詳情，我們也都不是很清楚……」

莊園老爺聽了這番話，當下了然，心中既慚愧又不安。後來，他便成了這座寺廟虔誠供養的功德主，香火終年不絕。

雖然人的本能就是與自己喜歡、欣賞的人靠近，而遠離那些自己不喜歡、不願意打交道的人，但是，生活中沒有那麼多的隨心所欲，由於各種各樣的原因，我們經常要與自己不喜歡的人，甚至是與自己相敵對的人打交道，這就需要用到一些技巧：用真誠的態度對待每一個人，包括你不喜歡的人。

學會和不喜歡你的人相處，並不如想像中之難，摒除自己的偏見是最關鍵的。不喜歡某些人也並不代表一定就要完全討厭對方，只要我們試著擺正心態，主動一點，就一定會將可能形成的敵對局面變成一片和諧。

（1）增加接觸的機會，對對方好一些。也許你選擇躲避這些人，但多接觸也許會改善關係。

（2）不要來硬的，要投其所好，如果對方喜歡喝點小酒，那麼就私下請他喝點，如此可改善關係。

（3）要主動地活躍氣氛，大家在一起相處的時候，多講講笑話，大家一起樂一樂，雖然這樣做可能不太容易。

（4）保持適當的距離，與不喜歡的人相處時儘量不要表現出厭惡感，適當的距離可以避免不必要的樹敵。

（5）在關係僵持或惡化的時候，一定要主動表示友好，不要礙於面子、難爲情。

（6）包容和忍讓是最重要的。哪怕你善待對方，對方還是對你不好，你仍舊要繼續保持與對方友好的這種態度，畢竟連草木、動物都有感情，更何況是人呢？只要心存善念不斷地付出，對方一定會轉變。

一個真正智慧的人，在對待自己不喜歡的人時，也會示以尊重，笑臉相迎，友好相處。所以，爲了不因對某人毫無理由的「好惡」而到處樹敵，我們也應該學著去試著和自己不喜歡的人友好相處，嘗試著去接納對方，甚至要嘗試和敵人微笑擁抱。這是氣度，更是胸襟。

8 適當的獨處，是莫大的清福

衡量一個人的真正品格，是看他在沒有人察覺的狀況下做些什麼。——傳喜法師

生活中，除了衣食住行，還有一個重要的內容，就是思考。思考需要獨處，這樣看來，獨處幾乎可以說是人人都應當學會的一種生活方式。

適當的獨處，能給人充實和樂趣，能讓人在這嘈雜的環境中把握自己。獨處是一種美麗的真實！獨處是一種真實的美麗。生活在這紛擾喧囂的世界，有時真的需要有自己獨處的空間。獨處，能夠讓你漸漸地看清楚自己「不對」的地方，看清自己習慣於附著在哪個點哪個地方。或者說，看看自己的整個人生大部分的時間都在被什麼所吸附著。真正喜歡並熱烈享受獨處的人無狂喜亦無大悲，多一份寧靜執著，少一份狂熱浮躁，固守著一份達觀祥和的心境，享受著快樂人生。

所以，無論生活多麼繁重，我們都應在塵世的喧囂中，找到這份不可多得的靜謐，在疲憊中給自己的心靈一點小憩，讓自己屬於自己，讓自己解剖自己，讓自己鼓勵自己，讓自己做回自己……

印度心理導師克里希那穆提在《愛與寂寞》中寫道：只有當心靈不再以任何方式

逃避，直接與孤獨寂寞交流時，才會有感情，才會有愛。

獨處有多種多樣的方式，可以獨自一個人去到大森林裡，傾聽著春天的聲音，也可以沉入靜默之中，從思考中，發現自己對生活的理解與感悟；可以漫步到水邊，佇立在無聲的空曠中，感受一份清靈。讓心靈遠離塵囂紛亂的世界，默默地體驗花香，聆聽鳥鳴；可以捧一品香茗，在氤氳的繚繞中慵懶地翻閱一本好書。讓自己在這份難得的寧靜中，去書中解讀關於生活的難題；可以背上簡單的行囊，到嚮往已久的地方去。不要與誰爲伴，就自己一個人的旅程，可以天馬行空，自在逍遙。讓孤獨的內心得到釋放……

獨處，就是要消化這些不平衡的感覺。消化所有的不能接受的結果，消化種種的抗拒，消化以往未了的事件。隨著冰雪消融，我們的心漸漸地柔軟了，漸漸地喜悅了，漸漸地伸縮自如了。於是，智慧的力量應運而生。

獨處作爲一種生活的狀態，可以獲取到歡聚中獲取不到的快樂，它可以使自己擺脫浮躁，使心態變得更加清爽，更加單純，也更加豐富。那是一個擺脫了紛擾的時刻，因而可以強烈地感受自己的感情世界。

獨處並非孤僻，也非孤傲，更非借此顯示自己的孤峭、與眾不同。獨處是於紛繁之中，給自己營造一座心靈的別墅，讓自己真正地安靜下來，整理自己的思緒，尋找丟失了的思想，尋找智慧，甚至是尋找迷失的自我。獨處是人性的需要，是靈魂的需要，當一個人學會與自己獨處的時候，就找到了真正的自我。

第八章

情緣——看破情關，聚散總是緣

成功的婚姻需要兩個人的付出

愛情在人類所有的情感中，是最脆弱的一環。愛如果為利己而愛，這個愛就不是真愛，而是一種欲。——慧律法師

人類是因爲有情愛才生到人間來的，父母如果不相愛，就不可能結爲夫婦，子女又怎麼生到人間來呢？所以說：「情不重不生娑婆。」可是，人活在世上爲了情愛，常常苦樂參半，爲情所苦，爲情煩惱，所以處理情愛一定要有方法。

減少對一種事情失望的最好辦法，就是不要過高地去估計它，壓低想像才會有更多的空間去適應現實。對於婚姻就是這樣。

婚姻是一個人感情發展到成熟的終結，也可能只是一種人生狀態的選擇。婚姻未必一定要有海誓山盟的誓言，更多時候，我們就是在尋找一個合適的伴侶，身分、利益、觀念、性格等條件的平衡而已，紅塵中一對男女用這樣的方式來互相託付。就好像年紀大了，一個人會面對很多現實的困難，於是，就結婚了，找個伴，半夜醒來的時候，身邊有一個人的感覺會讓一顆心變得踏實。

婚姻是天長日久朝夕相對的相處，它和戀愛截然不同，它是很坦白地把一個人本性中的東西暴露在彼此面前，戀愛時候精心修飾的一切，最終都會在婚姻中真相大

白。原來，曾經都把最好的一面顯露給自己的愛人，後來，是專門把不那麼美好的一面留給家庭，然後光鮮靚麗地出門給別人看。

婚姻就是無所不包的那麼一件東西，它容納笨拙、無能、怪僻，停泊孤單、消極、悲觀，我們從這樣的港灣中獲取力量，然後才能有勇氣繼續生活。

所以，要學著不做一個苛求的人，兩個人之間需要忍耐，理解，體諒，互相接受和改變，尊重對方獨立的人格和尊嚴，這樣的婚姻才可能長久和平穩。

對待婚姻，一定要有非常踏實的態度和務實的精神，才能順利度過婚姻的轉折期和心理波動期。人們常常開玩笑說：男人一結婚就變臉。的確，很多女人都會有這樣的感覺，婚前男人百依百順，溫柔體貼，以為結婚之後也會延續戀愛中的輕鬆和快樂，可是誰知道結婚之後人就變了，慢慢地不是從前那個殷勤的好男人了，逐漸懶惰渙散，注意力開始不集中，自己說一不二的地位也遭到了挑戰。於是女人就開始哀怨：婚姻真是愛情的墳墓。

其實這種現象很正常，是人性的正常表現，之前如果我們是因為對方的確對我們好，好到能夠容忍我們所有的缺點才選擇的這場婚姻，那麼最終我們也要在跌落到現實中的錯愕中明白，沒有人會永遠保持這樣的姿態，婚姻中大家都會暴露真相。

愛是有魔力的東西，是能夠讓一個人產生這種不顧一切的勇氣，但是愛也並沒有強大到那種程度，能夠穿越所有生活中的瑣碎和艱難。即使我們曾經短暫地為了愛成為一個鬥士和無私的人，但那不會是永遠的我們，那只是在愛的作用下的一次完美演出，是委屈和忍耐的形象，這也是戀愛的魔力和美好所在。可什麼樣的演出能夠永遠不謝幕呢，什麼樣的表演能夠堅持一生呢？最好的演員也會需要謝幕，再經典的演出也難以永恆。

進入婚姻，開始天長日久朝夕相對的相處，像一個放大鏡，把每個人的缺點和不足都誇張地表現出來，在經年的生活中，誰都做不到總是把最光鮮完整的一面給對方看，每個人都會懈怠，會回歸到一個自己最喜歡最適應的位置，不希望委屈自己，不想要強裝優秀。

一段成功的婚姻需要兩個人的付出，彼此的寬容、諒解。根據不斷出現的問題調整雙邊關係，不僅是價值觀和世界觀的融合，也是個性、修養、生活習慣和細節的大交叉。一個人的生活習慣要去服從別人，不是一件容易辦到的事情，只想著得到，卻沒有心理準備付出的人，很難應對未來可能出現的問題。在結婚前，多想想你能爲對方做點什麼，要比只知道怎麼享受對方的疼愛要有用得多。不要在日漸平淡的婚姻面前譴責伴侶的薄情，而忽略了自己的責任。

2 鼓勵和讚美最重要

要做一個像母親、像妹妹、像婢女、像妻子、像臣子般的太太。──星雲大師

男女剛剛陷入愛情的時候，必然會互相讚美對方的優點，隨著步入婚姻，最初的溫度下降之後，人們對這種事情就做得少了，儘管兩個人仍舊十分傾心於對方，但是已經不會再大聲地說出讚美和鼓勵的話。

如果缺乏真心的讚美和鼓勵，那麼最初的讚美給彼此帶來的美妙感受和感激之情就會大大降低，直接導致的結果就是兩人的感情聯繫變得薄弱。

星雲大師說，要做一個像母親、像妹妹、像婢女、像妻子、像臣子般的太太；也就是說，對待丈夫有時像母親關心兒子，有時像妹妹敬愛兄長，有時像婢女服侍主人，有時像妻子依賴丈夫，有時又像臣子伴隨君王。讚美無秘密，平常對丈夫要多說讚美的話，不要私藏金錢，不要隱瞞秘密。這樣，夫婦的感情必定很好。

「如果我們想要更多的玫瑰花，就必須種植更多的玫瑰樹。」如果想得到愛人更多的讚揚和肯定，希望婚姻幸福而長久，那麼先學會讚揚對方，即使對方有什麼地方確實做錯了，忍不住責備了他，那麼也要在責備的同時，看到他的優點，對他加以肯

定，而不是一棍子把他打死。

夫妻是相親相愛的人，從來都不是仇人。在責備對方的時候，切忌別忘了表揚他（她）。讚揚他（她）一是爲了讓他（她）找到心理平衡點，二是讓他（她）儘快消氣，並找到改正的動力，使他（她）感覺受到你對他（她）的重視，從而鞏固你們的婚姻。

要使家庭生活幸福、快樂，誇獎更是缺不了，它就像一塊香甜的巧克力，讓生活有滋有味。

3 結婚之後，要閉一隻眼

愛情是盲目的，但是越遠卻看得越清楚。在結婚之前，兩眼要睜大。結婚之後，則要閉一隻眼。——星雲大師

感情是一個瞎子，所以必須要有智慧，要有明智的眼睛來看清愛情的盲點。因爲如果愛的對象不對，愛的方法不對，就會生出問題。

我們經常看到很多夫妻互不信任的情景。妻子收到一條簡訊，丈夫想，是誰發來的？丈夫晚回來幾個小時，妻子便懷疑丈夫在外面是不是有了情人……由於這些無端

的懷疑，搞得自己很累，很痛苦，甚至因此幹出愚蠢的事來，最終把本來幸福的婚姻親手毀掉，鬧得自己和親人痛苦不堪。

疑神疑鬼是破壞婚姻幸福的第一大殺手。「千里之堤，毀於蟻穴」，許多幸福的婚姻都是因爲這一點疑心被破壞掉了。只要你是有心人，只要你希望婚姻幸福，一定要做到彼此信任與尊重。

眼睛是心靈的窗戶，一旦頭腦裡出現了對愛人不信任的念頭，應該警醒自己，看一看內心是不是純淨的。如果內心是純淨的，看愛人也會從純淨出發，看到的都是優點。如果內心不純淨，看愛人就容易帶有傾向性，看到的都是不良的一面。

目光，對夫妻之間的感情非常重要。你希望婚姻幸福嗎？你希望愛人愛你嗎？你希望愛人體貼你嗎？那麼你就把善良的目光、信任的目光、尊重的目光、友好的目光和慈祥的目光送給你的愛人吧，你得到的將是幸福、尊重、友好、慈祥和快樂的目光。

眼睛怎麼才能流露出信任和尊重的目光呢？其實很簡單，就是多看積極的一面，多看愛人向上的一面，多看愛人好的一面，好的看多了，回饋回來的東西就是好的，你的目光就是善良、信任和尊重的。

語言是心靈的外露，夫妻要做到信任與尊重，夫妻之間平時要養成使用信任語言的好習慣。說話要把信任的資訊、愛的資訊傳遞過去，隨時維繫自己的愛情。

語言是大腦思維的反映，一般情況下是想什麼說什麼。你心裡想著幸福、想著愛你的愛人，你就會說一些幸福、尊重和信任的話。有的人不注意這些事情，說話不假思索，實際上他也不是故意的，但話說出去就收不回了，就把人給傷害了。

有的人很多時候說一些過分的話並不是故意的，但是由於說話欠思量，遇事一著急，說出去就惹麻煩了。如果在說話之前，稍加考慮，話在嘴裡停上三秒鐘，這三秒鐘你可以想一下這話說出去會不會傷感情？是不是不信任不尊重對方呢？如果把這些想清楚了，再往外說，就不容易傷害人。夫妻之間，一次傷害，對對方是個打擊，兩次傷害又是個打擊，時間長了，就會是一種痛苦。你在他心目中的位置可能就會降低了。

這些事例給了我們一個很大的啓示，就是夫妻之間說話，使用語言千萬不能傷人，以免造成誤會。所以，爲了婚姻幸福，說話時要相互信任和尊重，千萬不能信口開河，胡言亂語。一是多使用文明語言；二是養成好的語言習慣；三是發怒時要理智。

4 不要試圖去改變你的愛人

愛，是動詞。愛，是付出。愛，是關懷。愛，是盡力瞭解對方的需求，並且不斷改善彼此關係的一種努力。愛是接受對方，不是企圖改變對方。——星雲大師

江山易改，本性難移，不要試圖去改變你的愛人，即便你的話是真理，極具震憾

力，也僅能在心理層面帶給別人瞬間的觸動，很難帶來實質性的改變。愛情真正的意義並不是幫助、控制和改造別人，而是能夠發掘、欣賞和接納真實的對方。

英國政治家狄斯瑞利在三十五歲之後才結婚，他所選擇的有錢寡婦瑪麗安既不年輕，也不美貌，更不聰明。但是她從不跟丈夫的意見相反。每當狄斯瑞利心疲力竭地回到家時，她總立刻讓他能安靜休息。

她是他的伴侶，他的顧問。每天他由眾議院回來，告訴她日間的新聞。重要的是，凡是他努力去做的事，她從不認為他會失敗。

狄斯瑞利對自己的夫人也一樣，無論她在公眾場所說錯什麼話，或做了什麼糗事，他從未說出一句責備的話；瑪麗安不是完美的，可是在狄斯瑞利的包容下，她始終保持原本的自己。

狄斯瑞利說：「結婚三十年，她從來沒有使我厭倦過。」他們兩人間，有一句常說的笑話。狄斯瑞利說：「你知道，我和你結婚只是為了你的錢嗎？」

瑪麗安總笑著說：「是，如果你再一次向我求婚時，那必然是因為你愛我，對不對？」

理想的婚姻必是讓人感到輕鬆和愉快的，不同成長環境、不同思維、不同生活習慣的兩個人湊在一起過日子，必然會因爲很多問題產生矛盾。雖然這些矛盾都是些雞毛蒜皮的小事，可是它們往往是消耗婚姻的殺手。

尊重彼此的差異，學會理解你的配偶是個獨立的個體，在各個層面都存在與你相異之處，你必須尊重這些差異，站在對方的立場設想，將心比心，有差異並不可怕，可怕的是你不面對差異，選擇逃避。

在婚姻中，要承認存在著差異，有時差異恰恰正是兩性相吸的原動力。

愛情像是一件易碎品，只有精心呵護，才會完美無缺。每個人都不可能白璧無瑕，就像太陽上有黑子，可誰會因此就否認它的燦爛光輝呢？

心理學家卡爾・羅傑曾這樣比喻：「當我漫步在海灘觀賞落日的餘暉時，我不能這樣要求：『請將左邊染上一點桔黃色。』或者說，『你能在背後少染一點紫色嗎？』因為我喜歡那落日時不同的自然景色。我們對待心愛的人不也應該這樣嗎？」

愛情的內涵之一就是無私與奉獻，愛就是讓自己所愛的人感到自由和快樂，讓他按照他原本的樣子去生活，而不是扼殺對方的天性。

愛一個人，就不要試圖改造他。愛情不是征服，也不是順從。

愛一個人，是因為他身上散發著特有的、吸引自己的魅力，這魅力包括對方全部的優點和缺點。愛他，就要愛他的優點，包容他的缺點，心甘情願地感染他的氣息；也默默地用自己的氣息感染自己的愛人，影響他的思想、生活和靈魂，但不要改造！因為愛情是相互欣賞、互相體恤、相濡以沫、共度人生。不要忘記，當初我們的承諾——「我愛你」這個「你」，正是最初的對方。

5 相愛不是用來生氣的

「愛」必須伴隨著永遠的寬恕，而「喜歡」常會為了自己的快樂而犧牲對方。兩者大不相同。——慧律法師

婚姻生活中，難免有勺子碰到鍋的一天，吵架似乎不可避免。情感也在一次次爭吵中漸漸褪色，失去了原有的色彩。無論是怒火中燒的氣話，還是隱忍不發的積怨，不及時地加以控制，最終都將成爲一把把鋒利的匕首刺傷兩個相愛的人。

兩個人相戀，多麼來之不易的緣分，何苦要用生氣來抹殺所有的幸福。即使當愛情面臨小小的險阻，我們也要心平氣和地對待對方，然後用愛和勇敢去化解，而不是用生氣的方式來魯莽對待。

要知道感情這東西是不能把自己的思維逼進了一個死角，如果明知道是個死角，可還是一鼓作氣、不依不饒地要往裡面撞，就像一隻撲火的可憐飛蛾，拼了命要在燈光那兒折騰。因這個念頭而把自己糾纏在裡面，這只是自我折磨，不發瘋才怪。

機息心清，月到風來。有緣千里來相會，無緣對面不相逢。煙雨紅塵，茫茫人海，人與人之間，因緣際會，相牽相知。一個緣字，便把遠在天涯海角的兩個人緊緊地連接在了一起，從此，綿綿情思，沉沉愛意。人與人在世間的相遇、相戀已是不

易，將此看作一場美麗的緣分，用真心來對待，共同敘寫一段愛的樂章。

在日常生活中，我們也許就是太在意對方，太在意情感得失，我們害怕失去，從而產生情緒高低起伏。仔細想想，生氣真的能解決問題嗎？還是只能讓矛盾更尖銳，更傷害彼此的感情？不如放開心胸，看花開花落。

在和親愛的人生氣之際，我們如能多想想「我不是爲了生氣而和你相遇的，而是爲了一場美麗的相約」，那麼就能爲我們煩惱的心情闢出另一番安詳。當自己快控制不住情緒時，想想這句話，或許會讓幸福中多增加一些甜蜜的氣氛吧！

唐代慧宗禪師經常雲遊各地，一次臨行前，他囑咐弟子看護好他酷愛的數十盆蘭花。可有一夜，弟子們忘了往屋裡搬蘭花，偏巧那一夜狂風大作，盆破花毀，狼藉滿地。幾天後，禪師返回寺院，眾弟子準備受罰。

可得知原委後，禪師神態自若，依然平靜安詳。他對弟子們說：「當初，我不是為了生氣而種蘭花的。」

這句話不光讓他的所有弟子徹悟，也讓千年之後的我們同樣受益匪淺。

是啊，百年修得同船渡，千年修得共枕眠，兩個人相遇、相知、相愛不是爲了生氣的。

6 珍惜眼前人

維繫婚姻的不是鎖鏈，而是細線；千百條的細線隨著時間，慢慢地將人們的心縫合在一起。你可以自由地尋找愛人，但和誰結婚多半靠際遇。——延參法師

常有這樣的事情，一個人在婚前苦苦等待、尋覓多年，也未曾遇見一個特別心儀的異性，於是隨便找一個還算過得去人的就結了婚，日子反倒也能過得安定平和。但上天似乎有意捉弄人，婚前苦等不見，婚後卻總是有機會在某個場合遇見那個曾經苦苦期待的人。也許是一句話，也許是一個眼神就能點燃心火。有時你不禁疑惑這到底是命運的安排還是魔鬼的誘惑。這時候，有些人就會心神動搖，原本美好安穩的生活也被破壞了。

因抵制不住誘惑而放棄原本美好生活的人是極其不明智的。仔細想一想，如果用你的一生去等待，你總能找出最適合自己的那個人，但是你能用一生去等待嗎？既然不能，就珍惜身旁的那個她（他）吧，也許並不是她（他）不適合你，而是你沒有細心地去體會，只要你多去留意，你會發現，身邊的她（他）其實很美。

人類為地球上最高等的動物，貪欲可能也是最大的，明明幸福就握在手上，卻不

著邊際地遐想，可能還有更好的，於是便放棄已握在手中的幸福，去追求虛無縹緲的美好。殊不知，這樣做只能換來酸澀的苦果，用那原本豐盈甜蜜的果實去換，豈不得不償失？所以，還是安下心來，用心欣賞你身邊的他（她），你身邊的他（她）其實真的很美。

生命的天空總是色彩紛呈。面對不幸，面對潦倒，我們所要做的不是怨天尤人、自暴自棄，而應該是不斷捕捉生存智慧，學會勇敢和堅強。

7 既然失戀，就必須死心

丟開一個薄倖的男子，要像丟開一隻脫了跟的破鞋一樣，因為他使你摔了一跤。——慧律法師

許多人都會在愛裡受傷，因爲愛別人愛得失去了自己，等待分手時，才發現在這場愛中，已經迷失了自己，所以總試圖抓住情感的尾巴，希望能夠有轉機。要明白，對方一旦做出決定，那麼這場感情就註定了是這樣的結果。

不要試圖以自己的痛苦與哀求換回曾經的愛，這樣只會讓對方輕視自己。我們要堅信，失去自己，將是他一生最大的遺憾。

有一個女孩，在她最美好的年華愛上了一個優秀的男人。

兩人一開始感情很好，男人對女孩真的很好，讓女孩沉浸在這種美好中無法自拔。五年過去了，對女孩來說，這五年是她最美好的回憶，可她等來的不是自己夢寐以求的婚姻，而是男人的分手。

對於這樣的結果，女孩難以接受，她不知道為什麼會是這樣的結果。她不肯相信那個曾經深愛她的男人已變心了。於是她想盡辦法去挽留，但沒有如願以償。女孩在無奈之下，選擇自殺要脅。幸好被家人發現，及時被送到醫院，經過全力搶救得以脫險。

醒來後，她做的第一件事，給這個男人打電話。可是男人在確認女孩生命無礙後，就從女孩的世界裡徹底消失了。

原本脆弱的女孩，無法面對這樣的局面，選擇了瘋狂的報復，要拼個魚死網破，為的就是證明自己對這段感情的在乎。事後，有人問起男人，為何不去看望女孩，給他們曾經美好的愛情畫一個完美的句號。

令人沒想到的是，男人竟然哆嗦著嘴唇說：「我害怕，我不敢。」

當女孩聽了這句話後，原本耿耿於懷的她釋懷了，再也沒有做出什麼過激的舉動，隻身一人遠走異鄉，開始了新的生活。

幾年過去，女孩已為人母，依舊美麗的臉龐泛著幸福的光澤。現在，她對生活很滿足，因為她有疼愛她的丈夫和一個可愛的孩子。

回想起丈夫在追求她時說的那句話：「女人的情傷註定是要由下一個男人來撫平的，而我就是這下一個男人，所以你什麼也不要在意。」

誰沒有過情傷！誰還會在乎曾經的滄海桑田。人生在世，又有誰能夠肯定這輩子不會因情而傷?!

當分離來臨時，聰明的人懂得用生命相逼並非明智之舉。你以爲你的死能改變什麼嗎？除了給親人帶來痛苦以外，沒有人會去懷念你。只有珍惜生命，珍愛自己，才能走出失落，要相信前方還有值得你愛的人正等著你。

面對逝去的感情時，許多人都只看到它曾經的美好，只有被這樣的感情弄得遍體鱗傷時才明白，原來愛情不僅僅有美好的一面。誰能保證一生只愛一個人？分手是再正常不過的事情。面對失戀，如果總深陷其中，總想做最後的掙扎，甚至認爲自己不能生活得幸福，那麼誰也別想幸福，在這種念頭下做著最瘋狂的事情，這都是再愚蠢不過的行爲。

當他愛著你時，確實是真心愛你的，只是現在不再愛了。如果你只是苦苦糾纏，無疑是一次次地揭起自己的傷疤。

有人曾說過，當一個人不愛你時，那麼請相信他現在的確已經不愛你了。不要害怕，不要逃避。因爲，害怕會讓你自亂陣腳，作出錯誤的選擇。逃避只會讓你永遠活在痛苦之中，擺脫不了情感的陰影。學會勇敢地面對這一切吧，需要離開那個溫暖的臂膀可能會讓你傷心一陣子，然而，相信這些終究會過去。

其實，愛一直都在，只不過需要再換一個人罷了。失去他，並不代表將失去所有。沒有人敢肯定，你所遇到的那個人一定是與你白頭到老的人。既然不是，那麼，不如趁早放棄，因爲，那個能夠與你相攜終生的人，正在前方等著你。

8 隨緣而不攀緣

有的東西你再喜歡也不會是屬於你的，有的東西你再留戀也註定要放棄，愛是人生中一首永遠也唱不完的歌。人的一生中也許會經歷許多種愛，但千萬別讓愛成為一種傷害。——延參法師

生活中到處都存在緣分，緣聚緣散好像都是命中註定的事情，有些緣分一開始就註定要失去，有些緣分永遠都不會有好結果。

杏子與男友交往期間，平淡如水。兩年內，兩人外出約會的次數更是屈指可數。男朋友既不殷勤也不浪漫，電話愛打不打的，有時藉口說忙，一兩個星

期不打電話是常有的事，杏子主動打去問候時，他也頻頻喊忙。但是，愛情沒有道理可言，即使是這樣，杏子仍然全心全意地愛著他。

在漫長的等待中，在一次又一次的失約中，杏子流乾了眼淚，男朋友一旦邀約，她還是會收拾好淚眼和心情跟他出去。朋友都勸杏子放手，為一個不懂得珍惜自己的男人如此付出，實在不值。因為朋友們都看得出，男方並不珍惜這段感情，遊戲的心態明顯。但杏子卻捨不得，對自己的愛情抱著幻想，以為他不忙的時候就會在乎自己了，以為他們的愛情會出現轉機……

就這樣，一拖再拖，又是兩年過去，青春也在一次又一次的空等中慢慢消失，直到後來男方主動以不願耽誤她為由分手。

分手後，杏子不再苦苦等待，心情也不再被人所牽繫，加上朋友的勸導，她慢慢地想通了，整個人變得豁然開朗。

心情一好，氣色也跟著紅潤許多。她回想起之前的自己，才發現當時的愚昧，而現在又是何等輕鬆快活。

很多人面對感情的抉擇時，往往因爲放不下、捨不得，而一拖再拖，浪費了寶貴的青春。其實，有沒有想過，有時，你的愛不僅是對於自己，而且對於你所愛的人來說，也是一種牽絆呢？你因爲愛對方，捨不得、放不下，所以寧可守著無味、變調，甚至不值得的感情，悲傷惶惑終日，看不到世界上其他的美好；對方因爲被你所愛，是一件幸福的事，但是，前提是對方也同樣地愛你，否則，這種愛就是一種負擔，甚至是一種煩惱，只想著擺脫。

人只有放開了，才能看到外面景色的美好。正如上例中的杏子，她正是逃脫一段失敗感情的牽絆，正是因爲捨得放手，才能有現在的好心情。另外，愛一個人不應該成爲所愛人的牽絆。只要我們心中有愛，生活總是那麼美好！

相聚是一種緣，相識、相戀更是一種緣分，緣起而聚，緣盡而散，放手才是真愛。

唯有放下，才能獲得真正的自由。

是的，愛不能成爲牽絆，放下真好。有過類似經歷的都明白，仇恨的記憶太沉重了，牽絆住人，讓人無法自由地飛翔，人只有放下，也唯有捨得放下，才能重新展開自己全新的人生。

在日常生活中，人們總是容易沉溺於往事的追憶無法自拔，皆是源於對失去的事物的迷戀。但是愛走了，就要捨得放手。這也是對自己的寬容，爲了讓自己不再難過，有時候愛情就應該「自私點」。煙花不可能永遠掛在天際，只要曾經燦爛過，又何必執著於沒有煙花的日子？

愛原是生命裡奏出的一曲美妙動聽的音樂，當音樂奏響時，你可以聆聽它、感受它、體驗它、珍惜它並啓動它。但我們都是平凡的紅塵男女，掙不出愛恨糾纏的情網，逃不過愛與被愛的旋渦，一味地陷入逝去的往事中遐想，無形中誇大了過往事物的美好，於是所失去的便越加完美了。但是細細體味寂寞後的瀟灑，想想除了他（她）以外的快樂，想想再也不用爲了猜測他（她）的心思而絞盡腦汁，會不會輕舒一口氣，感覺輕鬆一點呢？倘若是真的瞭解愛情的含義，就會明白一直抓著不放的事物其實也不過如此罷了，眼前所擁有的才更珍貴……

人生漫漫，有愛就會有傷，有情就會有痛。這一路走來，爲事，爲情，爲人，爲愛，我們的內心何止破碎一次。然而，我們卻依然可以在受傷過後重新站立起來。只要願意，一個人永遠不會喪失愛的能力。既然如此，那麼，你還會再害怕多一次的傷害嗎？如果一段感情到了盡頭，卻又無法挽留，此刻你能給他的愛就是試著把手放開。

面對感情傷害，也許的確會讓人痛徹心扉，然而，聰明的人懂得，只有放下這份讓人痛心的愛，才能獲得解脫。糾纏是一種愛，放開更是一種愛，真正懂得愛的人，更明白成全的意義。因而，如果真的是愛，那麼，最後時刻來個優雅的轉身是明智的選擇。

人們常說：在對的時候遇見對的人，是一種幸福；在對的時候遇見錯的人，是一種遺憾；在錯的時候遇見對的人是一種傷心；在錯的時候遇見錯的人，是一種嘆息。所以，給不了就轉身，得不到就放手吧。

9 破除內心的成見

眼見的事，只可相信一半；耳聞之事，不可輕信。在觀察與判斷之時，應破除內心的成見。——延參法師

都說，我們是在跟對方的優點談戀愛，卻跟對方的缺點結婚。婚後，之前吸引我們的閃光點不再閃閃發光，我們看到的都是曾經忽略的小缺點。

現實生活中就是這樣，兩個年輕人組成了家庭後，從熱戀時的花前月下緊緊相依，到婚後的柴米油鹽醬醋茶的件件瑣事，再到孩子在哇哇聲中落地，在忙碌的家務事和一些磕磕碰碰的小事中感到身心疲憊，甚至希望走出圍城回到城外，重新尋找熱戀的感覺。

兩人也從剛結婚時的心靈相通、處處幫扶，轉向話不投機、生活乏味，原來那濃濃的愛意隨著時間流逝漸漸地轉淡，而對方的種種缺點也在眼中不知不覺地放大，並開始逐步把一切優點和恩愛所掩蓋。於是三天一小吵，五天一大吵，變成了家常便飯，生活的瑣碎和平淡將愛的激情磨滅，兩個人的感情也出現了裂痕。

兩個不相識的人，通過相知相愛走到了一起。每個人都有這樣或那樣的缺點，作爲夫妻應該珍視這份愛，正視雙方的優缺點，不能因爲兩個人組成了家庭就不在意對

方的感受，一味地將一方的缺點放大，並窮追猛打，而看不到自己的缺點和不足。這樣在相互的攻擊下，兩個人的共同話題就會越來越少，分歧就會越來越多，把當初的幸福和美好消耗殆盡，原本幸福的家庭也走到了崩潰的邊緣。

為了解決離婚者日益增多的問題，民政所特意邀請一位研究婚姻問題的老教授前來講學。

鬚髮皆白的老教授走進教室，首先拿起粉筆在黑板上寫下一行大字：「世界上沒有失敗的婚姻。」講臺下立即嗡嗡作響，顯然大家對老教授的話不以為然。

過了一會兒，老教授等到教室裡平靜下來，開口提了一個問題：「誰感覺自己的婚姻是和諧的，請舉手。」教室裡沒有一個人舉手。

老教授微笑著說：「既然大家認為各自的婚姻都不和諧，那麼這裡有一份問卷，我所知道的婚姻不和諧的原因都在上面，請大家選擇，問卷上沒有的原因可另寫。但是，諸如吸毒、賭博、暴力等涉及法律的問題，不在婚姻學家的研究範疇之內，如有此類情況請及時與法治機關聯繫。」講臺下一陣竊笑。

大家拿起問卷一看，看到上面寫著一百多個答案：固執、任性、抽煙、喝酒、跳舞、吝嗇、嘮叨、狂熱工作、迷戀上網……

老教授收回問卷，然後逐一展示。大家發現，每份答卷都只選擇了一個或者兩個答案。

「現在我再調查一下你們目前的家庭狀況。」老教授又向每人發了一份問卷，上面密密麻麻地寫著一百多個問題：收入是否夠維持生活？是否為你買過禮物？是否有孩子？孩子是否健康活潑？生病了是否及時治療？生病後是否得到過對方的照顧……

老教授再次收回問卷，又逐一向大家展示，每份答卷上幾乎全是肯定的回答。

老教授把兩份問卷放到面前，緩緩地說：「你們的婚姻並無不妥，之所以感到不如意，只是由於人為地放大了婚姻中一些細微的瑕疵，忽視了身邊的幸福。」

說著，老教授接來一杯清水，取出鋼筆，擠出一滴墨汁滴入水杯中，那滴墨汁在水中緩緩下降，最終沉入杯底，杯子裡的水依舊是清澈的。

這時，老教授用手指攪動清水，杯底的墨汁馬上向上翻騰，杯子裡面的水隨即變得渾濁起來。這次，杯子裡的水用了近三分鐘的時間才恢復了清澈。老教授又慢慢地把清水倒入另一個杯子，然後把原來杯子底部的墨汁倒掉，另一個杯子裡的水已經清澈如初。

看著台下若有所思的眾男女，老教授語重心長地說：「滴墨入水，攪則變渾，婚姻何嘗不是如此？」老教授拿起粉筆，接著黑板上那句「世界上沒有失敗的婚姻」後面寫下了另一行大字：「前提是別攪渾那杯清水。」

「想一想，究竟是誰攪渾了你們婚姻的清水？」教授轉過身來，突然嚴厲地質問。台下眾男女不禁倏然動容，鴉雀無聲。

每個人身上都有缺點，但這並不妨礙我們追求完美的熱情和勇氣，並不妨礙我們如牡丹一樣高貴地綻放。同樣，滴入婚姻清水中的那滴墨汁，也往往是日積月累形成的，其中摻雜著太多的外界環境的影響與人性的弱點，阻止那滴墨汁的形成或許不可能，但是我們不去攪動它，再想辦法把它倒掉還是可以做到的。

事實上，婚姻的清水裡滴入墨汁並不可怕，可怕的是我們不去思考怎樣倒掉墨汁，而是不停地攪動清水。

TIPS

婚姻幸福的密碼

密碼1：彼此尊重，接受對方的差異

男人和女人的價值觀有著本質的不同。男人動輒提供解決方案，使女人的感受無處訴說；女人不請自來地給予忠告，讓男人羞憤和光火。

男人和女人最大的差別之一，就是對待壓力的方式不同。當壓力來臨時，男人的精神和意志高度集中，變得沉默寡言；女人面對壓力，一時間不知所措，容易情緒化。男人除非把問題解決，才能擺脫壓力，獲得釋放；女人則只要把問題說出來，就可以得到宣洩。

男人和女人的不同，由此可見一斑。只有尊重和接受彼此的差異，才能和諧相處。

密碼2：男人學會傾聽，女人停止抱怨

當壓力來襲，女人本能地開啟心靈，暢談她的問題、心情和感受，讓男人應接不暇。其實，女人只是想把真實的感受說出來，喚起他人的理解和共鳴。這時候，男人的傾聽和交流就顯得異常重要，它能使女人的壓力逐漸減輕。同樣地，女人如果怨言不絕於口，男人自覺是個失敗者，因為他渴望成為女人心目中的「英雄」。所以女人應當停止抱怨，改變溝通方式。

密碼 3：給予對方所需要的

理解伴侶基本的愛情需求，是改善情感關係的一大秘密。男人和女人基本的愛情需求存在很大差異。女人需要得到關心、理解、忠誠等，男人需要得到的是信任、認可、欣賞等。女人一再付出，卻忘記她心愛的男人需要的愛是別的形式；男人把注意力集中在他的愛情需求上，卻往往忽略一個事實：他心目中愛的方式並不是女人所需要的。給予對方所需要的才是對的。

密碼 4：精神上共同成長

婚姻是一座新房子，而愛情僅僅是打開房門的鑰匙。至於房子要有什麼樣的設計，進行怎樣的裝修，還需要慢慢地考慮和商討。其實維持婚姻最強韌的紐帶，不是孩子，也不是金錢，而是一種精神上的共同成長，那是一種相互支持、相互信任，及在最無助和軟弱時的相濡以沫。兩個人之間的感情除了愛，還要有肝膽相照的義氣，不離不棄的默契，以及銘心刻骨的恩情。

人生短暫，夫妻幸福的生活是最智慧的活法，在耄耋老年彼此攙扶雙臂，回首往事的時候，才會充滿著自信。

第九章

自轉因緣，離苦得樂

放下抱怨，才能遠離煩惱

人總是在追逐中感受到匱乏，在處處為自己著想中感到不安，在不情願和抱怨中產生憂煩。——海濤法師

「真討厭，今天又堵車了，能不能每天不這麼煩人。」也許當你早上到公司的時候也會這樣和同事抱怨，然後你會發現自己一整天都在對這件事情耿耿於懷。

現實中存在不少這樣的人，他們把抱怨當成是聊天的一個內容，而不會尋找其他的話題。即使沒有特別的事情發生，人們可以抱怨的事情也可以是五花八門的：天氣、交通狀況、商場裡擁擠的人群、銀行裡的長隊、變老的事實、待遇太少、疾病的困擾、子女的問題等。

大多數人都會覺得抱怨是很好的發洩工具，在受到挫折或面臨困難的時候放鬆自己的心情，然而往往忽略這種情緒對自己的嚴重影響。

唐朝宰相裴休是一個虔誠的佛教徒，他的兒子裴文德年紀輕輕就中了狀元，進了翰林院，位列學士。但裴休認為兒子雖然科舉成功，但還沒有真正的人生歷練，不希望他這麼早就飛黃騰達。因此，他就把兒子送到寺院中修行參

學，並且要他先從行單（苦工）上的水頭和火頭做起。

於是，這位少年得意的翰林學士不得不天天在寺院裡挑水砍柴。每天，他累得要死，心中不免牢騷，抱怨父親不該把他送到深山古寺中做牛做馬。但父命難違，他也只好強自忍耐。

時間一長，裴翰林又把心中的怨氣發到了寺裡的和尚頭上，心說這裡的方丈太不識趣了，我不如寫首詩，讓他給我換個輕鬆差事。

於是有一天，裴翰林擔水的時候就在牆壁上題了兩句詩：

翰林挑水汗淋腰，

和尚吃了怎能消？

該寺住持無德禪師看到後，微微一笑，當即在裴翰林的詩後也題了兩句：

老僧一炷香，

能消萬劫糧。

裴文德看過後，心說自己實在太淺薄了，從此收束心性，老老實實地勞役修行。

普通人有一個共同的毛病：肚子裡擱不住抱怨，有一點點喜怒哀樂之事，就總想找個人談談；更有甚者，不分時間、對象、場合，見什麼人都把抱怨往外掏，從而使自己的心情也很差。

有一位法師，他在乘坐公車的時候，看到一位老太太牽著她的孫子上了車，車上的人非常多，已經沒有座位。法師看這位老太太年齡已經很大了，於是就把自己的座位讓給她，可是，這位老太太很心疼孫子，把座位讓給了孫子坐。

這位法師在心中嘀咕道：「我是看你年齡大，站立不穩，才給你讓的座啊！」過了兩三站之後，老太太和她的孫子就要下車了。老太太回頭四處張望著，她並不是在找法師，而是在車的後面有一位她認識的年輕人，她把這位年輕人叫了過來，讓他坐到了這個座位上。

法師心中想：「怎麼有這種人呢？我讓座位給你，你不坐了，也應該還給我啊，至少也應該向我表達一下謝意，卻什麼都不說，竟然還叫別人來坐。」

為了此事，法師耿耿於懷，總是想起這件事情。十多年過去了，他還在不停地向別人抱怨著這件事，以此來說明人性是多麼自私。

這位法師就沒有做到放下，「放下」是事情過了之後就不再牽掛，不再影響到自己。而這位法師卻總是向他人抱怨這件事情，他因爲這件事而耿耿於懷，甚至向人們談論了十多年。

如果我們一遇到問題就開始無休止地抱怨，一味沉溺在已經發生的事情中，那麼我們只會活在迷離混沌的狀態中，看不見前頭一片明朗的人生，生活也會失去很多樂趣。

心理學家說，人若有抱怨，應該說出來，才不會在心內鬱積，憋出病來。這個說法基本上是沒錯的，但要說可以，不能「隨便」說。生活中，哀傷、鬱悶、不滿都是每個人會有的情緒。如果人一味地去抱怨那些讓人煩惱的事情，那麼永遠都不會有一個積極的心態去對待生活。抱怨的事情越多，就會覺得痛苦的事情越多，從而也會對生活失去希望。抱怨就像烏雲一樣，一直沉浸在其中，只會淪陷在痛苦的沼澤不能自拔。

乙 世上本無完美，又怎麼能追求得到

本來就無完美這種東西，眾生皆是自己挖坑然後再跳下去。——宏滿法師

生活本就不完美，有的人偏偏要用「完美主義」看待生活，若不能如願便開始糾結，若是過於執著且不肯變通，必然會陷入完美主義的心理誤區。而完美主義者一定是失落最多的人，也一定是最痛苦的人。因爲在他們的眼中看到的大多是不完美。

在《百喻經》中，有這樣一則可笑而發人深省的故事。

有一位先生娶了一個體態婀娜、面貌娟秀的太太，兩人恩恩愛愛，是人人稱羨的神仙美眷。這個太太柳眉、鳳眼、櫻桃小口，眉清目秀，性情溫和，美中不足的是長了個酒糟鼻子。好像失職的藝術家，對於一件原本足以稱傲於世間的藝術精品，少雕刻了幾刀，顯得非常突兀、怪異。

這位丈夫對於太太的鼻子終日耿耿於懷。一日出外經商，行經販賣奴隸的市場，寬闊的廣場上，四周人聲沸騰，爭相吆喝出價，搶購奴隸。廣場中央站著一個身材瘦小的女子，正以一雙汪汪的淚眼，怯生生地環顧著這群如狼似虎，決定她一生命運的男人們。

這位丈夫仔細端詳這位女孩子的容貌，他被深深地吸引了！這個女孩長著一個端正的鼻子，於是他不計一切買下了她！

丈夫興高采烈地帶著女孩日夜兼程地趕回家，想給心愛的妻子一個驚喜。到了家中，把女孩安頓好之後，他用刀子割下女孩子漂亮的鼻子，拿著血淋淋而溫熱的鼻子，大聲疾呼：「太太！快出來！看我給你買回來最寶貴的禮物！」

「什麼貴重的禮物，讓你如此大呼小叫的？」太太疑惑不解地應聲走出來。

「你看！我為你買了個端正美麗的鼻子，你戴上試試。」丈夫說完，突然抽出懷中鋒銳的利刃，一刀朝太太的酒糟鼻子砍去。

霎時太太的鼻梁血流如注，酒糟鼻子掉落在地上，丈夫趕忙用雙手把端正的鼻子嵌貼在傷口處。但是無論他怎樣努力，那個漂亮的鼻子始終無法黏在妻子的鼻梁上。

可憐的妻子，既得不到丈夫辛苦買回來的端正而美麗的鼻子，又失掉了自己那雖然醜陋但是貨真價實的酒糟鼻子，並且還受到無妄的刀刃創痛。而那位糊塗丈夫的愚昧無知，更是叫人可憐！

生活也是這樣，有些人以爲自己是在追求完美，其實他們才是最可憐的人，因爲他們是在追求不完美中的完美，而這種完美，根本不存在。

宏滿法師說：「學會接受不完美，則凡事都會完美，連殘缺也成了一種完美。能接受自身的不完美，也能接受他人的不完美，這樣的人才活得自在、快樂、瀟灑。從某種意義上說，不完美是上天賜予我們的恩惠。如果一切都是完美的，也就沒有了發展空間。沒有最好，只有更好。」

有一句話叫：「水至清則無魚，人至察則無徒。」這就是過於追求完美，一旦不完美就變得不能忍受，最後也沒能擁有完美。要學會時刻提醒自己生活並不完美，我們不要抱怨那麼多，也不要有那麼多奢念，我們要以完美的心，接受並不完美的人生。只有真正懂得包容不完美的人，才能獲得更多的完美。

一個漁夫駕著船在海上辛苦勞作了很久，都沒有收穫。在他灰心喪氣的時候，發現在漁網上有個東西在閃閃發光，拿過來一看，竟是一顆晶瑩剔透的大珍珠。漁夫非常高興，他沒想到一天毫無收穫之時居然天上掉下了個大珍珠。

漁夫仔細地欣賞著這顆看上去就價值不菲的珍珠，他在手裡不斷把玩著，卻突然發現珍珠上有一處小小的疵點，影響了珍珠的美觀，漁夫想，也許會影響珍珠的價值，如果能夠剝去一層皮，疵點也許就沒有了。

漁夫拿來銼刀真的剝去一層，疵點就淺了很多；又剝去一層，疵點又淺了許多；再剝去一層，再剝一層……

疵點沒有了，珍珠也消失了。

世界上從來就沒有完美的人，也沒有完美的事物。刻意追求完美，只能使自己失望或尷尬。

有一個老人，活到七十歲的時候仍然孤身一人。並不是他不想結婚，而是因爲他一直在尋找一個在他看來十分完美的女人。

當有人問他：「你活了幾十年，走了那麼多地方，始終在尋找，難道你沒能找到一個完美的女人嗎？」

這時候，老人非常悲傷地說：「是的，有一次我碰到了一個完美的女人。」

那個發問者說：「那麼爲什麼你們不結婚呢？」

老人傷心地說：「沒辦法，她也正在尋找一個完美的男人。」

這個老人苦苦追尋了一輩子的完美，最後還是不能擁有，這給我們的啓示就是：人往往會爲了追求完美而讓生活變得更加不完美。

俗話說：「金無足赤，人無完人。」不僅要包容別人的不完美，還要包容自身的不完美，面對世間的種種殘缺，我們要擁有一個懂得欣賞和享受的心境，任憑風雨變幻，任憑花開花落，開始享受生活賜予我們的，不做過多奢求，不刻意追求完美，自然能夠內心滿足，活得快樂。

人生不要對生活太苛求，世上本無完美，又怎麼能追求得到？只要我們想得開，一切都完美，也就是心境上的完美。

3 「心美」就是禪

> 宇宙給每個人應有的回報。假如你笑，它也回報你笑；假如你憂愁，悲觀就會籠罩著你。——海濤法師

有句話叫做：「這個世界並不缺少美，只是缺少發現美的眼睛。」所以我們應該擁有「發現美」的眼睛。所謂禪者，就是指會發現美，會欣賞生活的美的人。這樣就不會遺漏生活裡的美好的細節，更不會在行路艱難的時候只看到灰暗醜陋的一面。

禪者有一顆「美心」，所謂「心美，一切皆美」，這個「心美」就是禪。懂得欣賞，平凡枯燥的生活也有它的溫馨，身處嘈雜的鬧市之中也能感覺很美；不懂得欣賞，身處人間仙境也會覺得毫無趣味。

陶潛的詩：「晨興理荒穢，帶月荷鋤歸。」本來是天剛亮就去下地幹活，幹到晚上才能歸家，卻被他看成「帶月」歸家，這難道不是一種美的感受嗎？

美和醜其實是相對的。有個故事是這樣的：一天，美和醜相約一起去海邊游泳，美穿的是美麗的外衣，而醜穿的則是醜陋的外衣。

二人游泳完後，醜先上岸，隨便拾起一件外衣就穿上了，隨後美也上了岸穿上外衣，二人就回家了。但回到家中才發現衣服穿錯了，此時醜發現自己很美，而美發現自己很醜。

要知道一切皆爲生活美。以禪心觀世界就能看到世界的美。對人對事也可以發現美，發現好的方面，只需要我們用心去感受、去欣賞。

一個年輕人來到一個陌生的地方碰到一位老人，年輕人問：「這裡如何？」

老人卻反問道：「你的家鄉如何？」

年輕人說：「簡直糟糕透了。」

老人接著說：「那你快走，這裡同你的家鄉一樣糟。」

又來了另一個年輕人問同樣的問題，老人也同樣反問，年輕人回答說：

「我的家鄉很好，我很想念家鄉……」

老人便說：「這裡也同樣好。」

旁觀者覺得詫異，問老人為何前後說法不一致？老人說：「你要尋找什麼，你就會找到什麼！」

在不同人的眼中，世界也會變得不同。其實星星還是那顆星星，世界依然是那個世界。我們用欣賞的眼光去看，用心去發現很多美麗的風景；若帶著滿腹怨氣去看，我們就會覺得世界一無是處。

當我們生病時，一句溫暖的問候，失敗時，一聲親切的安慰，這些不都是美的表現嗎？不要只看到「生病」與「失敗」。所以看到任何事都覺得美，都覺得有一種好意，那麼生活自然就會蒸蒸日上。

蘇軾的《題西林壁》這樣寫道：「橫看成嶺側成峰，遠近高低各不同。」有的時候我們遇到了困難，看上去毫無解決辦法，根本解決不了。其實不然，那是因爲我們不懂得換個方向來看，只顧著一味地向前衝，忽略了事情最好的解決方法。

一切事物都有其多面性，我們自己的生活又何嘗不是？我們需要做的是調節自己的角度，去感受它的不同。看好的一面，是爲了提醒自己同樣擁有幸福，總覺得還有前進的動力，哪怕很艱難。

有的時候，換一個角度，換一個想法看待事物，那麼就一定會有不同的感受。一位大師在山裡修行數十載，練出了移石之術。他就站在巨石前面，轉身對人說：「你們看，我把巨石移到身後了。」這就是一種生活的智慧。

生活可能讓我們在這一面感覺非常艱難痛苦，而在背面卻隱藏著幸福，我們在忍受痛苦的時候，不要忘記換一個角度再看，也許就會讓我們燃起希望，讓我們在艱難之中聊以慰藉，安然度過這個過程。

一位單身女子剛搬了家，她發現隔壁住了一戶窮人家：一個寡婦與兩個小孩。

有天晚上，那一帶忽然停了電，那位女子只好自己點起了蠟燭。不一會兒，忽然聽到有人敲門。

她打開門發現是隔壁鄰居的小孩，小孩很緊張，問道：「阿姨，請問你家有蠟燭嗎？」

女子心想：「他們家竟窮到連蠟燭都沒有嗎？我千萬不能借他們，否則他們以後就會經常來借。」

於是，她對孩子吼了一聲說：「沒有！」

正當她準備關上門時，那小孩展開關愛的笑容說：「我就知道你家一定沒有！」說完，竟從懷裡拿出兩根蠟燭，說：「媽媽和我怕你一個人住又沒有蠟燭，所以我帶兩根來送你。」

女子突然一陣自責，她感動得熱淚盈眶，將那小孩子緊緊地擁在懷裡。

這就是看問題角度不同造成的兩種心理差異，單身女子總是一種防備之心看人，而鄰居則是一種推己及人的方式看人，結果做出的事情也就不同。

拍照片角度不同，照出來的效果就不同；人生也是如此，當我們用一種角度看的時候，它會呈現出一種狀態，當我們換一個角度看，就會呈現出全新的狀態。

換一個角度，換一個想法，就會有不同的收穫。其實生活就是一面哈哈鏡，換個角度看看，也許就會海闊天空，也許就會柳暗花明，把心念一轉，看透事情的兩面性，心胸自然也跟著開朗而寬大了。

4 把美的形象與美的德行結合起來

內在美如果不能衝破心靈的藩籬，對外開放，在外在上有鮮活的表現，形成外在美，它就只有孤芳自賞了。——淨空法師

美好的心靈來自善良的內心，它讓人們肅然起敬。它不光愉悅了自己，還能給別人帶來歡樂。心靈美是一種素質。這種素質，可以從他對人生、對社會、對他人以及

對自己的思想感情和態度中得到體現。往往能從這個人極其平常的一言一行中得到充分體現！讓旁人看得清清楚楚。外在美往往迷惑的是人的眼睛，而內在美卻可以深深打動人的內心。

內在美是善良是愛心，是一腔能包容天地的博大胸懷，也是豁達樂觀和朝氣，還是勤勞勇敢和堅韌不拔，更是知識才學和追求。每個人對內在美都會有不同的解釋。

中國古代的四大美女中，貂蟬有閉月之容，楊貴妃有羞花之貌，西施有沉魚之顏，然而最美的當屬王昭君，因為她不僅擁有有落雁之美，還兼有一顆悲憫之心。

傳說王昭君在去匈奴和親的途中，因太思念家鄉便唱起歌來，天上的大雁聽見了如此美妙的歌聲，便都低頭看去，見是一位貌美如花的女子，大雁竟忘記揮動翅膀，便掉落在地，這就是所謂的落雁之美！

王昭君的美麗不僅僅是外在的，出塞後，她給匈奴人民帶去了糧食種子與文字，並教他們如何耕種，如何使用農作道具，如何看書寫字。美麗的昭君在匈奴百姓的眼裡簡直就像仙女下凡，她的善良和溫婉得到了許多匈奴百姓的愛戴。

王昭君用她的美給人民帶來了和平安寧的生活，用她一生的努力，使兩個民族和睦相處了六十多年。可以說，王昭君改變了整個匈奴，那種寬廣的胸襟，更是一種無言的美。

美如果只存在於人的心靈世界、內部世界，沒有辦法廣泛和迅速地感染到人，形成影響，是稱不上魅力的。美不是靜止的存在，它存在於人和人的溝通交往中。內在美如果不能衝破心靈的藩籬，對外開放，在外在上有鮮活的表現，形成外在美，它就只有孤芳自賞了。

如果將美比喻成一棵樹，那麼內在美便是樹根，外在美便是樹葉、樹枝。樹不可無根，樹也不可無葉無枝，內在美和外在美便因這種關係而相互依從。真正的美是兼具二者的美。

東西也好，人也罷，徒具其表，金玉其外，敗絮其中，這樣的美轉瞬即逝；而如果只有內在美，則很難在第一時間被人所發現，需要較長的時間讓人慢慢去品味，有時候往往在別人發現之前，就被埋沒了。

哲學家培根曾經說過這樣一句話：「把美的形象與美的德行結合起來吧！只有這樣，美才會放射出真正的光輝。」

5 缺憾往往也能成就「完滿」的人生

殃咎之來，未有不始於快心者，故君子得意而憂，逢喜而懼。——弘一法師

佛祖有言：人生，須得悅納一切苦與樂。活在世間的眾生，總是感慨苦多於樂，要離苦才能得樂，其實，苦樂本就是一體的。人生苦樂參半，痛苦與快樂常常相伴相生。有人說人生痛苦多於快樂，但也有人認爲痛苦的後面一定是快樂。苦與樂就像天空的晝夜，沒了白晝的光明就無所謂夜的黑暗，沒了夜的寧靜就沒有了晝的熱鬧，我們生活在憂傷與快樂中，痛苦並快樂著。

有一戶農家的院子裡種著幾畦哈密瓜，到了收穫的時候，他們就能採摘到又大又甜的哈密瓜。一個六七歲的小男孩正津津有味地吃著哈密瓜，爺爺看著他吃得開心，就問他：「哈密瓜甜不甜？」

小男孩說：「甜，比蜜還要甜哪！」

爺爺笑呵呵地問他：「上次哈密瓜栽秧的時候，你記不記得我讓你做了什麼？」

小男孩想了想說：「您讓我把苦巴豆埋到地裡。」

爺爺又問：「苦巴豆是什麼味道，你知道嗎？」

小男孩不好意思地回答道：「我上次偷吃了一把苦巴豆，比藥還苦，我喝了好多水才不苦了。為什麼要在哈密瓜的秧苗下埋上苦巴豆呢？哈密瓜不會變成苦的嗎？」

「哈密瓜在下秧前，先要在地底下埋上一把苦巴豆，瓜秧才能茁壯成長，結出蜜一樣的果實來。巴豆的苦，變成了哈密瓜的甜。苦能夠化成甜，甜也能夠化成苦，所以，這世上無所謂苦樂之分啊！」爺爺笑著回答說。

有一位禪師每日與眾人宣講佛法，都離不開：「快樂呀，快樂！人生好快樂！」可是有一次他得病了，在生病中不時喊叫著：「痛苦呀，好痛苦呀！」

另外一位禪師聽到了，就來責備他：「你一個出家人，生病了老是喊苦，多難看呀！」

生病的禪師說：「健康快樂，生病痛苦，這是順其自然的事，為什麼不能叫苦呢？」

另一位禪師說：「記得當初你有一次掉進水裡，快要淹死了，你還是面不改色，那種豪情如今何在？你平時都講快樂，為什麼到生病的時候，要說痛苦呢？」

禪師抬起頭來輕輕地問道：「你剛才說我以前講快樂，現在都是說痛苦，請你告訴我，究竟是說快樂對呢？還是說痛苦對呢？」

這則故事很好地告訴我們，完滿與不完滿都是一個相對的概念，當我們能夠把生活中那些不如意的事情看成人生的重要組成部分的時候，那麼人生就是完滿的；而當我們把它看成是一種缺憾的時候，人生就是不完滿的。

弘一法師說：「世間本來就是不完滿的，過去不是，現在不是，將來也不是，現實就是以缺陷的形式呈獻給我們的。每個人都有自己的缺憾，只有帶著缺憾的人生，才是真正的人生。我們總是抱怨自己的生活中有很多不如意的事情，充滿了苦難，卻沒有意識到這是我們人生必要的組成部分。」

一位即將圓寂的老和尚想從兩個徒弟中選一個做為衣缽傳人。

有一天，老和尚把徒弟們叫到他的面前，對他們說：你們出去給我揀一片最完美的樹葉。兩個徒弟遵命而去。

不久，大徒弟回來了，遞給師父一片並不漂亮的樹葉，對師父說：這片樹葉雖然並不完美，但它是我看到最完美的樹葉。

二徒弟在外面轉了半天，最終卻空手而歸，他對師父說：我看到了很多很多的樹葉，但是怎麼也挑不出一片最完美的……最後，老和尚把衣缽傳給了大徒弟。

有這樣兩個少年：他們一個喜歡彈琴，想成為一名音樂家；另一個愛好繪畫，想成為一名美術家。然而，一場災難讓想當音樂家的少年，再也無法聽見任何聲音；那位想當美術家的少年，再也無法看到這個五彩繽紛的世界。

兩個少年非常傷心，痛哭流涕，埋怨命運的不公。這時，一位老人知道了他們的遭遇和怨恨，就對耳聾的少年用手語比畫著說：「你的耳朵雖然壞了，但眼睛還是明亮的，為什麼不改學繪畫呢！」

然後，他又對眼瞎的少年說：「你的眼睛儘管壞了，但耳朵還是靈敏的，為什麼不改學彈琴呢？」

兩個少年聽了，心裡一亮。他們從此不再埋怨命運的不公，開始了新的追求。

改學繪畫的少年發現耳聾了可以使自己避免一切喧囂的干擾，使精神高度專注。改學彈琴的少年慢慢地發現失明反而能夠免除許多無謂的煩惱，使心思無比集中。

後來，耳聾的少年成了著名的畫家，名揚四海；眼瞎的少年終於成為音樂家，享譽天下。他們相約去拜見並感謝那位老人。

老人笑著說：「不用謝我，該感謝你們自己，因為你們自己看得開才能夠獲得今天的成就啊。」

人生的缺憾往往也能成就「完滿」的人生。偶爾的失意和失去雖然是一種缺憾，但它卻讓我們的生活變得像波濤洶湧的大海，多姿多彩。若是人生真的能夠事事如意，那我們的人生就是一潭死水，毫無亮點。人生的完滿與不完滿始終是相對的，完滿到了極致就是不完滿，不完滿往往意味著完滿。

6 擁有豁達的心境

大肚能容，容天下難容之事；開口常笑，笑世間可笑之人。——佛界楹聯

雨果曾經說過：「世界上最寬闊的是海洋，比海洋更寬闊的是天空，比天空更寬闊的是人的胸懷。」人生如旅途跋涉，難免會有淒風苦雨相伴。豁達是一種歷練後的成熟。古人云：人生不如意事十常八九，可與人言僅二三。不同的人對於人生的不如意，也有著不同的接受方式。

有的人會自哀自憐，怨天尤人。豁達的人則會把它當成鍛煉自己的機會，並能換個角度去考慮，因此所有的不開心便如過眼雲煙，一笑而過。

佛界有一對楹聯：「大肚能容，容天下難容之事；開口常笑，笑世間可笑之人。」

曾有一個有趣的佛家故事更好地說明了這一點。

三伏天，禪院的草地枯黃了一片。

「撒點草籽吧！好難看呀！」小和尚說。

師父揮揮手：「隨時！」

中秋，師父買了一包草籽，叫小和尚去播種。

秋風起，草籽邊撒、邊飄。

「不好了！好多種子都被吹飛了。」小和尚喊道。

「吹走的多半是空的，撒下去也發不了芽。」師父泰然說，「隨性！」

撒完種子，跟著就飛來幾隻小鳥啄食。

「糟糕！種子都被鳥吃了！」小和尚急得跳腳。

「沒關係！種子多，吃不完！」師父微微一笑說，「隨遇！」

半夜一陣驟雨，小和尚早晨衝進禪房：「師父！這下真完了！好多草籽被雨沖走了！」

「沖到哪兒，就在哪兒發芽！」師父擺擺手，「隨緣！」

一個星期過去了，原本光禿禿的地面，居然長出許多青翠的草茵。一些原來沒播種的角落，也泛出了綠意。

小和尚高興得直拍手。

只要有一種看透一切的胸懷，就能做到豁達大度。把一切都看做「沒什麼」，才能在慌亂時，從容自如；憂愁時，增添幾許歡樂；艱難時，頑強拚搏；得意時，言行如常；勝利時，不醉不昏而有新的突破。

只有如此放得開的人，才可能是豁達大度的人。

凡事放得開來，不去主動製造煩惱的消息來刺激自己，即使面對一些負面消息、不愉快的事情也要處之泰然，做到「身穩如山嶽，心靜似止水」，「任憑風浪起，穩坐釣魚臺」。這既是一種堅守目標、排除干擾的良策，也是一種豁達的表現。

一個人假如處處在瑣事中糾纏不休，就容易被小事所累，一生也必將一事無成。當然，放開並不等於逃避現實、痲木不仁，也不是看破紅塵後的精神頹廢和消極遁世，而是在奔向人生大目標途中所採取的一種灑脫、豁達、飄逸的生活策略。

凡事看開一點，超脫一些，得到的無疑是瀟瀟灑灑、豁達輕快的生活。倘能如此，我們一定會擁有一個幸福美好的人生。

人生有順境逆境，運勢有高低起伏，因此，是否豁達往往能在關鍵時刻決定一個人的未來發展。豁達是一種人生的態度，但從深層次看，豁達更是一種待人處世的思維方式。

豁達是一種襟懷和氣度，是一種格調和心境，更是一筆寶貴的精神財富。有了豁達，生活中便會多幾分和諧、幾許寬適、幾分靈性、幾許悟性。你會更加熱愛生活，追求卓越，從而安靜坦然地走自己的路，含笑而自信，既不自卑又不張揚。

7 隨遇而安，隨喜而作

思量事累苦，閑著便是福。思量饑寒苦，飽暖便是福。思量疾病苦，健康便是福。思量危難苦，平安便是福。思量監禁苦，安居便是福。思量死來苦，活著便是福。——天然禪師

《菜根譚》上說：「萬事皆緣，隨遇而安。」人生的自得與悠然歡喜全靠這「隨緣」的心境。佛家有云：「隨遇而安，隨緣生活；隨心自在，隨喜而作。若能一切隨他去，便是世間自在人。」要做世間自在人，就要先從內心做起，內心不受到拘束，也不受到干擾才行。

老和尚和小和尚行走遇見了洪水，小和尚愁眉苦臉的，老和尚卻毫不在意，小和尚勸師父趕緊走，老和尚說：「難道山下就沒有洪水嗎？」

三天後洪水退去，老和尚說告誡小和尚：無論遇到什麼事都不要驚慌，一切都會過去的。這就是隨緣而活。

有趙州禪師師徒二人論道，比誰把自己說得最髒最臭。

師父說：「我是驢。」

徒弟說：「我是驢屁股。」

師父再說：「我是驢屎。」

徒弟說：「我是驢屎裡的蛆蟲。」

師父問：「你在驢屎裡做什麼？」

徒弟說：「我在裡面乘涼啊！」

星雲大師說，這個「乘涼」就反映了一種隨遇而安、逍遙自在的心態。

有個人請求禪師題個字，禪師送了「父死子死孫死」六個字。這個人認為不吉利，很不高興。禪師就給他解釋說：「這是世界上最好的話了。先是父死再是子死，最後是孫子死，這是最符合自然規律的，難道你希望兒子或者孫子先死？」

抗戰時期，梁實秋遷居重慶鄉下，在山腰買了一棟平房。這房完全是「陋室」的模樣：有窗而無玻璃，風來則洞若涼亭，有瓦而空隙不少，雨來則滲如滴漏，附近有高粱地，有竹林，有水池，有糞坑。就是這樣的地方，卻被梁實秋起了個名字叫「雅舍」，而梁先生則在此一住七年。梁實秋深知此中苦樂滋味，在此間寫下了風動一時的《雅舍小品》。

人因爲執著的東西太多，所以得到的煩惱也更多。不能拋捨的東西太多太多了，所以導致人生很累很苦，總是提心吊膽，患得患失。

太多的人在面對一些狀況的時候不肯接受，比如工作的升遷或者降職，總是不能隨遇而安，反而把這樣的事情堵在心裡，不得解脫，久而久之，生活就會變得越來越沉重。

有一座廟，廟門上有一副對聯：「得一日糧齋，且過一日。有幾天緣分，便住幾天。」這是一種萬事隨緣的心境，從不會爲外物所累，「有糧多吃，無糧少吃」並不是要我們萬事消極，而是說在沒有糧的情況下不要哀嘆糧食不足，而要享受這一過程，因爲即便再哀嘆，「糧食」也不會憑空多出來。

丹霞天然禪師從小就學習儒家經典，長大後打算進京趕考，卻在路上遇到了一位行腳僧，僧人便問：「您這是要到哪裡去？」

天然禪師回答說：「趕考去。」

僧人說道：「趕考怎麼能比得上選佛呢？現在江西的馬祖道一禪師出世，您可以到那裡去。」

於是天然禪師就改道南行，毅然放棄了赴京趕考的打算，來到江西去參拜馬祖禪師，他向馬祖禪師表明來意後，馬祖禪師就告訴他前往湖南石頭禪師那兒參學，並對他說：「沒有剃度不要回來。」

天然禪師又趕到南嶽，見到石頭和尚就說請他為自己剃度。石頭和尚並沒有立即給他落髮，只是說：「你到糟廠舂米去吧。」天然禪師就在廚房幹了三年的雜活。

三年後，石頭和尚很滿意，欣然為他剃度。

天然禪師開悟後，就又去江西去拜見馬祖禪師，他徑直來到僧堂內，騎坐在菩薩像上，眾人一看，嚇了一跳，就趕忙把這件事報告給馬祖禪師，馬祖道一禪師見是他，便笑著說道：「我子天然。」

天然禪師立即從菩薩身上跳下來，向馬祖禪師行禮後說：「多謝大師賜我法號。」天然禪師的名號由此而來。

馬祖禪師說道：「你終於懂得了隨遇而安，隨喜而作。」

佛家講：「繁榮的隨它繁榮，枯萎的任它枯萎。」確實，當一件事情發生了的時候我們無力改變就要接受，還要開開心心地接受，不做愁眉苦臉的「苦行僧」，而要容得下萬物，過眼雲煙如浮雲，我自隨緣過千年。

「隨遇而安，隨喜而作」的人生態度不僅是一種灑脫，更是一種境界。如果我們都能夠有一種無牽無掛、無憂無慮、知足豁達的人生態度，一份淡泊寬大的心境，那麼無論我們身在何處，都能夠找到屬於自己的生活。

8 懂得加減法，人生永不絕望

佛法講「無常」，無常就是不會永得，也不會永失；人生不會都是加的，也不會都是減的。——星雲大師

星雲大師說：人生有時候是一帆風順的，所謂商場滿意、情場得意、官場快意，這都是「加」的人生；但有時候事業上的失意、人情上的恨意、生活上的無意、朋友間的歉意，這都叫「減」的人生。人生本來就像潮水一樣，起起落落，有高潮有低潮，這就是「加加減減」的人生。

一天，一位樵夫像平時一樣來到山上砍柴。

他決定砍一棵粗壯的大樹，因為可以多賣一些柴。他開始用斧頭和鋸子輪流劈砍和磨鋸大樹，這棵大樹非常粗壯，他一直幹到了傍晚也沒有成功。

經過片刻的休息，他又重新砍樹，此時天已經越來越黑了，樵夫為了抓緊時間，加快了砍樹的節奏。眼看著大樹就要斷了，可沒想到大樹正在他低著頭的時候迅速倒了下來，壓在了他的腿上。

頓時鮮血直流，樵夫疼得冒出了冷汗，他使盡了渾身的力氣，也不能將腿

上的大樹移開。他開始意識到這棵樹實在太大了，根本不可能移開。樵夫轉而用盡力氣喊人，因為天色已經太晚，山上其他的樵夫早就回家了，他喊了半天也沒有回應。

樵夫知道，自己在這裡時間拖得越久危險就越大。看到旁邊的鋸子，他狠下心用鋸子朝自己的腿上用力拉。鑽心的疼痛幾乎讓他暈死過去。樵夫忍著劇烈的疼痛，用驚人的意志力鋸斷了壓在大樹下的腿，然後用衣服包好傷口，最後終於艱難地爬到了有人居住的地方。

他的命保住了，可是那條腿卻不可能再接上。不過醫生說，如果不是他當時果斷地鋸掉壓在樹下的腿及時來到醫院，那麼他的生命就會因為拖延太長時間而難以得到保全。

有一位哲人說人生如車，其載重量有限，超負荷運行促使人生走向其反面。人的生命有限，而欲望無限。我們要學會辨證看待人生，看待得失，用減法減去人生過重的負擔。否則，負擔太重，人生不堪重負，結果往往事與願違。

柳宗元在《柳河東集》中寫了一篇文章叫《蝜蝂傳》。蝜蝂是一種很會背東西的小蟲子，爬行時遇到東西，牠總要撿起來，抬起頭來使勁地背上牠，背的東西越來越重，即使疲勞到了極點，還是不停地往背上加東西。

蝜蝂的脊背非常粗糙，東西堆積在上面散落不了。最後，蝜蝂終於壓得倒在地上爬不起來了。有人很同情牠，便替牠去掉背上的東西。但是牠只要能夠爬行，仍要背上許多東西，直到撲倒在地，蝜蝂喜歡往高處爬，用盡了最大力氣也不停止，一直摔死在地上為止。

每當面對取與捨的選擇之時，很多人都會在有意無意之間選擇取，因爲在人看來，取便意味著得，捨便意味著失，於是在取捨之間，人們便自然而然地趨向於前者。然而，生活這門藝術並非如此簡單，生活並不就像一加一等於二的數學公式，生活當中的取捨藝術也並不就是取與得、捨與失的一一對應關係。

若不能很好地面對生活中各種紛繁複雜的事物，不能對這些事物進行適度的取捨，那麼人們在生活中的表現就不能算得上是明智的。生活中往往有些時候是「魚」和「熊掌」不可兼得的，這個時候就要我們作出加減法，捨棄掉某些東西，才可以得到更多。

暢銷書《誰動了我的乳酪》中有一句妙語：「越早放棄舊的乳酪，你就會越早發現新的乳酪。」我們的人生可以說是一種動態平衡，有失必有得，在得到的同時，必定會失去些什麼來作爲交換。無論得與失，最終人生的天平還是會恢復平衡的。

有人曾做過一個試驗：把一棵三十七點五公斤重的仙人掌放在室內，一直不澆水。過了六年，那棵仙人掌仍然活著，而且還有廿六點五公斤重。也就是說，經過六年時間，它只消耗了十一公斤的水。也曾有人發現，一棵在博物館裡活了八年的仙人掌，平均每年因生長而消耗掉的水分，僅占其總貯水量的百分之七。

那麼仙人掌怎麼做到如此的呢？爲了減少蒸騰的面積，節省水分的「支出」，它的葉片已經慢慢地退化變成了針狀或刺狀。綠色扁平的莖也披上了一件非常緊密的角質層，裡面還分佈著幾層堅硬的厚壁組織，這樣就有效地防止了水分的散發。

爲了減少水分蒸發，仙人掌表皮上的下陷氣孔只有在夜晚才稍稍張開，這樣便大大地降低了蒸騰速度，防止水分從身體裡跑掉。仙人掌十分難看，但是它非常耐活，仙人掌「減」掉了多餘的枝葉和華麗的外表，換來的就是沙漠裡靜靜地矗立。

一斤芝麻七元錢，一斤白糖三元錢，一斤芝麻加上一斤白糖卻不是十元，因爲做成芝麻糖會賣得更貴。所以人生的加減由我們掌控，生活要拿得起放得下，要主動做減法，給自己生活留下足夠的空間。

生活就是一種取捨的藝術，「加」代表著擁有，代表索取，但是人生不是一個永遠也填不滿的聚寶盆，「加」的東西越多，活得也就越累，人生加減法的哲理，能讓我們減去煩惱、減去疲憊，收穫更多的美好。

9 自己度自己

真正的寧謐，不是外在環境的無風無雨。越知道應付生活變數的人，越擁有創造性的適應能力。——延參法師

人生就是陽光燦爛與風雨交加輪換交織的過程，每個人都難以避開自己不喜歡的風風雨雨，這是必須正視的命運。要避免在旅途中受到狂風暴雨的摧殘，就要撐起自己遮風擋雨的雨傘。

雨季的一天，下著瓢潑大雨，一個男人在屋簷下躲雨，看見一位禪師打著雨傘走過來，大聲喊道：「禪師，度我一程如何？」

禪師看了一眼求助的男人，說道：「我在雨裡，你躲在屋簷下，何必要我度你呢？」

聽禪師這麼說，男人立刻衝到雨中：「現在我也在雨中了，應該可以度我了吧？」

禪師說：「我也在雨中，你也在雨中。我沒有淋雨是因為我撐了雨傘，你挨雨淋了是因為你沒有帶傘。準確地說，不是我度你，而是我的傘度我。如果

要度，不必找我，請你去找自己的傘。」

這個人渾身都濕透了，生氣地說：「不願意度我就直說，何必繞這麼大的圈子。我看你不是『普度眾生』而是『專度自己』！」

禪師聽了沒有生氣，心平氣和地說：「想要不淋雨，就要自己找一把傘。這些天來天天在下雨，下雨天出門不帶傘，只想著別人肯定會帶傘，理所當然會有帶傘的人來為你遮擋風雨。別人的傘不大，自己也要靠這把傘來遮擋，你憑什麼要拿傘的人來照顧你呢？」

最後，禪師還說：「你自己不帶好遮擋風雨的東西，只想著靠別人來度自己，這種想法最害人，到頭來必定會遭報應的。」

記住禪師的告誡，做人要承擔起對自己的那份責任，照顧好自己，不要指望別人爲你遮風擋雨。

你要想有力量去把握自己的人生軌跡，你的心靈裡面必須陽光燦爛。即使你經常受到陣陣「疾風」的傷害，也不要讓自己的心靈裡面充滿陰雲。否則，沒有擁抱人生的熱情，沒有邁步前行的力量，人生軌跡只會被動地七扭八歪，你一輩子會在鬱鬱寡歡中度過。

第十章

因緣際會，頓悟生命

呼吸在，所以你一切都在

人活著不過是在一呼一吸之間，呼吸在，所以你一切都在。——聖嚴法師

雖然人生中有許多不確定的事，但有一件事是絕對確定的，那就是我們每一個人到最後，終究不免一死。把時間拉長，生死、死生是無盡的輪迴。如同昨天、今天、明天的無盡延續，前生、今世、來生也是無始無終的聯結，而貫穿無盡時間的是當下。這一刻是生，但對下一刻的生而言，前一刻的生已然是死。

人生的問題很多，但如果給以高度概括，那便不外「生死」二字了。通常人們關心生活，然而，生活只是生的一部分。

哲學、宗教歷來重視探討生的來源及死的歸宿。作爲生命的科學，人生的智慧，對於生死的問題，不但有深刻的研究，還有解決的方法。

死對人來說，是無法回避的，生的末端便是死。誰不想長命百歲？但人活百歲終要死，世上沒有長生不老藥。

當然，對死亡懷有恐懼並不奇怪，人一死，便會失去生活給他的各種美好事物。但一個人，如果你經歷過人世滄桑，活著時盡職盡責地工作，沒有虛度時光，那麼應該死而無憾了。

死亡是人生的終結，如同旅途的一個驛站。正像英國作家雨果臨終前說的那樣：「生命的旅行總有結束的時候，我該休息了。」

英國著名哲學家、散文家羅素對生死的理解很形象：每個人的人生都應該像河水一樣，開始是細小的，流在狹窄的兩岸之間，然後，熱烈地沖過巨石，滑下瀑布。漸漸地，河道變寬了，河岸擴展了，河水流得更平穩了。最後河水流入海洋，不再有明顯的間斷和停頓，而後毫無痛苦地擺脫了自身的存在。

能這樣理解自己一生的人，將不會因害怕死亡而痛苦，因爲他們所珍愛的一切都將存在下去。

如果我們都能像羅素那樣，把人生比作河水，不知不覺地融入大海，毫無痛苦地失去自身的存在，那就不會感到死的恐懼了。當死亡來臨之際，坦然面對死亡，把它當作生命過程裡的一個環節。像雨果那樣，臨終輕鬆地說：「我該休息了！」

聖嚴法師說：「人活著不過是在一呼一吸之間，呼吸在，所以你一切都在。」

日本知名作家村上春樹也說：「死亡並不是生命的反義詞，它是生命的一部分。」

禪宗還有句名言：「大死一番，再活現成。」

倘若不以身體作爲死亡的依據，人的一生當中，總是要面臨無數次死亡與重生的體驗——大多數的人，終其一生費盡心思追尋的是：得不到的財富、不確定的愛情、過眼雲煙的名利，卻很少人能夠停下來想一想，要如何正視終須面對的死亡。生死其實是同一件事的兩面，生時不能無憂，臨死必將慌亂。

人生是一連串的未知、不確定，唯一可以確定的就是「死亡」，但卻也是人們最難以接受的事實。悲慟、號啕與怨天尤人都於事無補，唯有坦然接受，好好準備。

然而，我們準備好了嗎？

人的一生之中，有許多不如意的事，死亡無疑是不如意中最不如意的一樁。死亡和我們生命中所經歷的失敗或者失去是一樣的，都令人感到無比沮喪，尤其是面對自己或親友終將死亡的事實時，更是難以接受。

死亡，是很多人的忌諱，但是，誰又能決定死亡？死亡，到底教會了我們什麼？面對生死，恐懼是多餘的，唯有面對。面對「有生必有死」的必然現象，猶如天下沒有不散的筵席；就像我們現在對談，結束後就要分開。見面是緣，分開也是緣。分開以後會不會見面呢？以後是以什麼樣子的角色見面呢？在什麼樣的場合呢？

在《雜阿含經》卷第三十三中，佛陀以四種良馬譬喻眾生的根器。認為最利根的人聽聞老病死苦，心中便會生出警惕，依正法思維而調伏身心，有如上等的良馬見鞭影即知行進的方向。

比較次等根器的人，則是在見到鄰里有人受老病死苦時，便心生警惕而發心修行，這樣的人有如次等良馬，雖然不能在睹見鞭影時即知前進，但只經鞭杖輕觸毛尾後便知如何行走。

第三等善根的人，則是要見到自己親近的人深受老病死苦時，方才驚覺而發心修行，就如第三等良馬，要等鞭杖輕抽，肌體微疼後，才知策進。

第四種人，則要自己身遭老病死苦的折磨之後，才能認真面對生命的苦惱，猶如拉車的馬雖經鞭子抽打仍不知策進，非得以鐵錐刺身，徹膚傷骨之後才驚覺，進而「牽車著路，隨御者心，遲速左右」。至於頑劣難以教化的劣馬，則是伸頸狂嘶，作勢噬人，前腳跪地，後腳踢人，不願就軛，即或受軛，稍受鞭杖，便斷韁折勒，縱橫馳走。

前生已逝，未來未到，這都不是我們可以掌握的。唯有每一個現在，是我們可以把握得住的。因此，我們不必因爲終將死亡而變得消極虛無，也不必因爲今生的不美滿而寄望來世。把握「當下」的生活態度，其實就已決定我們的幸福與悲哀了。

在每一刻的現在，學習努力，並在每一刻的當下練習「爲而不有」，那麼，每一刻都將是圓滿的結束，也就是嶄新的開始。

2 生固欣然，死亦無憾

對於死亡，過度恐懼反而有損身體，明智的態度就是順其自然，自由自在的生活。只有真正的修煉者，因為洞悉了永恆的真理與生命的真相，會逐步看淡生死，所以對死亡不會心存恐懼。——著名佛學家趙樸初

就如同大自然的花開花落一樣，人的生死就像白天和黑夜一樣平常無奇。「人生自古誰無死」，死是萬物新陳代謝的必然結果，不可抗拒的自然規律。

但是人們又都有希望生存、不願死亡的願望。因此，不論古今中外帝王，還是現代科學家，幾千年來都在尋找「長生不老藥」。當然，這是無濟於事的，現在科學家只能找到抗老防衰、延年益壽的方法，而永遠不會找到不死的「靈丹妙藥」。所以，有人說：「人從生下來就註定要一步一步走向死亡。」

因爲人世間有真情在，所以古往今來人們總是爲生離死別而哀傷悲泣。然而，「月有陰晴圓缺，人有悲歡離合，此事古難全」。陶淵明是豁達的，樂觀的，所以他能以一語道破生死的問題：「親戚或餘悲，他人亦已歌。死去何所道，托體同山阿。」

對於死亡，過度恐懼反而有損身體，明智的態度就是順其自然、自由自在地生

活。只有真正的修煉者，因爲洞悉了永恆的真理與生命的真相，會逐步看淡生死，所以對死亡不會心存恐懼。

有句古話，說視死如歸，一個人如果能看淡生死，敢於視死如歸，確實不是一件容易的事。孔子謂「殺身成仁」；孟子曰「捨生取義」；司馬遷認爲「人固有一死，死有重於泰山，或輕於鴻毛」。對死亡的態度恰好是對生的態度的反證。懼怕死亡的人往往在生活中患得患失，憂慮重重；而不怕死亡的人才能樂觀進取，力爭在有限的生命中創造出無限的事業。

總之，有生必有死，死亡永遠伴隨著生，寸步不離。人的生命同世間一切的生物一樣，一旦死亡就不可能再次復生。如果因此而輕視或浪費生命，那也是不可原諒的錯誤。在死神召喚之前，我們還應充實地過好每一天。

莎士比亞有一段名言，足以令人回味：「儒夫在未死以前，就已經死過好多次；勇士一生只死一次。在我所聽到過的一切怪事之中，人們的貪生怕死是一件最奇怪的事情，因爲死本來是一個人免不了的結局，它要來的時候誰也不能叫它不來。」

每個人都要順其自然，正確對待死亡，把死亡看成是人生的必然「歸宿」。即使面對死亡，也不必悲觀，毋須驚駭，順其自然，處之泰然。既然死亡不可避免，就應該在有限的歲月裡，讓生活充滿陽光。

3 在修行中生活，在生活中修行

居塵學道，即俗修真，乃達人名士及愚夫愚婦皆所能為，生活就是修行。——印光法師

淨慧法師說過：所謂「生活禪的真諦」可以用兩句話來概括：在生活中修行，在修行中生活。那麼修行生活中的什麼？

草堂寺鳩摩羅什的舍利塔上刻著五個字：煩惱即菩提。生活裡我們最不能忍受，最常見的情緒就是煩惱，所以我們首先要學會把煩惱修行掉。

其實煩惱就是生活，煩惱就是禪。「煩惱」和禪的轉化至關重要，困難煩惱對人的逼迫、對人的擾動的狀態不改變，人就無法解脫。並非有學問、有錢的人就沒有困難；也並非是沒有學問、沒有錢的人就一定有困難，這些負面的東西每個人都有，既然它們出現在生活裡我們就要認真對待，把它們當成是一種修行的契機，而不是一種煩惱。

除此之外，生活中還有許許多多的問題——生死問題、生活問題，或者職位高低、錢財多少、年齡大小、文化程度高低等都是問題，人與人之間的矛盾如何解決，面對誹謗誤會如何承受等諸事都是修行，或者說生活本身就是一種修行。

有一個佛陀教育弟子不要兜圈子，要直截了當地從當下這一概念來修行。當下這一概念把握好了，就能在生活中了生死，在了生死中生活。這也就是我們平常所說的——在修行中生活，在生活中修行。

也就是說，人生面對的實相就是生活，在生活中如何處理人生中的困惑，是一個至關緊要的問題。

法量禪師雲遊四海時，一次口渴便四處尋找水源，這時他看到有一個青年在池塘邊踩水車，法量禪師就向青年要了一杯水喝。

青年以一種羨慕的口吻對禪師說道：「禪師，如果有一天我看破紅塵，肯定會像您一樣出家學道。不過，我出家後不會像您那樣到處行走，居無定所，我要找一個可以隱居的地方，好好參禪打坐再也不露面，只潛誦佛經。」

法量禪師笑道：「那你什麼時候看破紅塵呢？」

青年回答說：「我們這一帶只有我最瞭解水車，這是全村人的重要水源，我不能走，如果有人能接替我照顧水車，我就可以無牽無掛地出家了。」

法量禪師問道：「我問你，水車全部浸在水裡，或完全離開水面會是什麼樣子呢？」

青年答道：「如果把水車全部浸在水裡，不但無法轉動，甚至會被急流沖走；同樣地，完全離開水面也不能運上水來。」

法量禪師說道：「水車與水流的關係正說明了個人與世間的關係啊。一個人如果真心修道，那麼出家還是在家其實都無關緊要，關鍵是要有一顆普度眾生的佛心，即對社會的愛心和責任心。盡自己所能，在日常生活中把每一件該做的事情用心做好，既不沉於水底，也不浮於水上，這就可以稱之為修行！」

所謂修行，就是先要把人做好。如果一個人見利忘義，恩將仇報，尖酸刻薄，對每個人都不好，那又怎麼能夠「修得正果」呢？生活就像是向前行走，我們既不羨慕別人跑得飛快，也不看不起爬行的人，一點點地向前走著，每走一步都踩出一個腳印來，將周圍的風景牢記於心，這就是生活的修行。

印光法師有一句名言：「居塵學道，即俗修真，乃達人名士及愚夫愚婦皆所能爲，生活就是修行。」工作的時候努力工作、按時上下班，在家中孝順父母、夫妻恩愛，朋友之間相互扶持、肝膽相照，生活裡充滿樂觀積極的情緒，勤於家居，過好生活的每一天，這就是我們每個人都應該修行的啊。

4 大好光陰，切莫空過

虛生浪死，至為悲痛，生死事大，無常迅速，大好光陰，切莫空過。——弘一法師

分清事物的輕重緩急，是讓人受益終身的好習慣，也是成就事業的必備素質。弘一法師說：「有時候爲了省幾分鐘，卻浪費數小時。到了隧道盡頭就把燈關掉，可能因小失大。抄捷徑可能會走到你原本不打算去的地方。耐心比匆匆忙忙更能成功。雞是從蛋裡孵出來的，不是打破就能得到。」

豪威爾曾經是美國鋼鐵公司的董事，在他剛開始當董事的時候，開董事會總要花很長的時間。在會議裡，董事們討論很多很多的問題，然而達成的決議卻很少，結果，董事會的每一位董事都得帶著一大包的報表回家去看。

後來，豪威爾說服了董事會，每次開會只討論一個問題，然後作出結論，不耽擱，不拖延。這樣所得到的決議也許需要更多的資料加以研究，也許有所作為，也許沒有，可是無論如何，在討論下一個問題之前，這個問題一定能夠達成某種決議，結果非常驚人，也非常有效。

從那以後，董事們再也不必帶著一大堆報表回家了，大家也不會再為沒有解決的問題而憂慮了。同時，有條不紊的做事習慣還能讓人有成就感，避免工作的延遲和拖拉帶來的緊張感和挫敗感。

法國哲學家布萊斯・巴斯卡說：「把什麼放在第一位，這是人們最難懂得的。」對許多人來說，這句話不幸而言中。他們完全不知道怎樣對人生的任務和責任按重要性排隊，他們以爲工作本身就是成績。但經驗表明，成功與失敗的分界線在於怎樣分配時間。

人們往往認爲，這裡幾分鐘，那裡幾分鐘沒什麼用，但是它們的作用可大了。這種差別常常是很微妙的，常常要過幾十年才看得出來。但有時這差別又很明顯，爲了取得最佳結果，我們常常要依據輕重緩急行事。

我們一般人很容易有手頭上的事先解決的心理。其實，即使是迫在眉睫的工作也並非一定最重要。

我們若能站在高處重新審視全部的工作，不但能清楚地找出工作的主要目標，以往許多耗時的工作安排，也能重新有一個不同的評判。

全是重點就等於沒有重點，不能將心力都放在一些小問題上。

有的時候，我們可能會覺得手頭的工作雜亂無章，沒有任何的頭緒。那麼，這個時候就需要我們分清事情的輕重緩急，熟練洞悉事物本質。人與人之間的賢愚差異並非在於頭腦，而是在於是否具有洞悉事情輕重緩急及重要性的能力。

你也許聽過「二〇／八〇法則」。這法則是說，你所完成的工作裡百分之八十的成果，來自於你所付出的百分之二十。如此說來，對所有實際的目標，這法則極爲有用，它能幫助我們抓住工作與生活的重點，找到真正重要的事物，同時忽略那些不重要的事物。

我們在處理並解決問題時，應多想些重要的事。我們不應被那些不重要的、沒有什麼意義的事情所淹沒，而應該集中精力於大事上。對於目標的實現而言，將更多的精力投入「應該做的事」，無疑是一條事半功倍的成功之路。

歌德說過這樣一句話：「不可讓重要的事被細枝末節所左右。」做最重要、最有價值的事的第一步，就是找出能產生百分之八十績效的百分之二十付出。這需要你判斷什麼是最有價值的，需要有洞悉事物本質的能力。

卓有成效的管理者從不把時間和精力花在小事情上，因爲小事使他們偏離主要目標和重要事項。一旦知道了自己大部分時間花在了那些無謂的小問題上，或絲毫無助於提高他的工作效率的問題上時，他便會採取措施刪去這些安排。人們只有在看到一份詳細記錄他的日程的資料後，才會認識到許多工作本可由比他級別較低的人去做，或者根本不需要做，因爲他所做的工作並不是與他的薪水相稱的。

工作的時候，我們需要把工作內容分爲重點項目和非重點項目，就好像在學校的時候把課程分爲必修課和選修課一樣。哪些重點是值得你花大力氣考慮和投入時間的地方，但是如果每個地方都被你打上重點符號，那你的時間管理也是失敗的。

著名時間管理大師賽托斯說：「重點是你的重心需要偏移的地方，重點是你需要著重強調的地方，你的工作日程不應該是一成不變的基調，它應該如同一首跌宕起伏的旋律，有高潮的緊迫感，也有平淡中的閒適感。」

5 愛自己，和另一個自我做朋友

我們只有憑藉體內自有的韌性和生命力去戰勝經常駕臨的孤獨感。能和自己做朋友，這才是自由的勝利。——慧律法師

有時候一大幫人在一起打打鬧鬧，孤獨的感覺卻比一個人的時候還要強烈。因爲你與周圍的人格格不入，無法進入那種熱烈的氣氛裡面，在這種熱烈氣氛的映襯下，你覺得自己更加孤獨。而一個人的時候，海闊天空的遐想，反而沒怎麼覺得孤獨。可見，呼朋喚友，置身於喧囂的人際，並不是驅除孤獨的方法。

唯一的方法是哲學家說的「真正愛自己，依靠自己的力量」。我們只有憑藉體內自有的韌性和生命力去戰勝經常駕臨的孤獨感。能和自己做朋友，這才是自由的勝利。這個朋友永遠在你身邊，無論你落魄還是發達、開心還是難過，他都在你身邊，

鞭策你、激勵你、安慰你。

有人曾問斯多葛學派的創始人芝諾：「誰是你的朋友？」他說：「另一個自我。」

人生在世，不能沒有朋友，但在所有的朋友中，我們最不能忽略的一個朋友是自己。能不能和自己做朋友，關鍵在於他有沒有芝諾所說的「另一個自我」。這另一個自我，實際上就是一個更高的自我，同等重要的是你對這個自我的態度。

有些人不愛自己，常常自怨自嘆，如同自己的仇人。有的人愛自己而缺乏理性，過分自戀，如同自己的情人，在這兩種情況下，另一個自我都是缺席的。

成爲自己的朋友，這是人生很高的成就。古羅馬哲人塞涅卡說，這樣的人一定是全人類的朋友。法國作家蒙田說，這比攻城治國更了不起。

和自己做朋友，就要真正愛自己。

法國版《ELLE》雜誌曾經做過一項調查——「假如我們對你的戀人或丈夫做一次採訪，你最想從他們的嘴裡知道些什麼？」

被調查者都不約而同地回答：「他還愛我嗎？」

他還愛我！這就是多數人想從戀人那裡得到的答案，其中女性占多數。

而我們想問的問題卻是：「你愛自己麼？」

也許你會說，誰不愛自己呢？是的，沒有誰不愛自己，但真正是不是、會不會愛自己，卻是一個問題。比如說，你每天爲自己真正預留了多少專屬自己的時光，沒有動機，沒有功利，沒有交換，只是讓自己充分自在地舒展開來，感受著自己，感知到自己？然後才知道如何才是真正愛自己。

在更多的時間裡，你恐怕都忙於應付各種需要了：爲家庭，爲工作，爲孩子……即使在一人獨處不需要應酬誰時，你是不是也常會忘記要應酬自己？而依然在行爲上或者腦子裡慣性地應酬著這個或那個，或者自覺在鞭策自己，去充電，惡補情商或者管理經？

這些都不是真正愛自己的表現，都不能真正地滋養自己。愛自己，不是以物質賄賂自己——一擲千金並不見得是犒賞了自己，不是拿成就激勵自己——成功也不見得能餵飽你；當然更不是以別人的眼光或者標準苛求自己，別人都滿意了你卻不一定能夠滿意。

愛自己就是對自己的欣賞和喜歡，因爲這個世界上你是獨一無二的，你就是這個世界的唯一。愛自己，並不是盲目自戀，而是能夠認識到自己的缺點，坦然地接受自己的一切，不管是優點還是缺點。真心愛自己的人，懂得快樂的秘密不在於獲得更多，而是珍惜所擁有的一切。你會覺得自己是那樣地受上天的恩寵，是那樣幸福地生活在這個世界。

這是一份難得的樂觀心境，更是快樂的始點。具有這樣的心境的人，無論是對生活、環境，還是對周圍的親人、朋友，都會自然流露出一股喜悅之情，感動自己，影響他人。

愛自己，和另一個自我做朋友，你才能真正遠離孤獨。

當然，這決不是推崇我們去壘一道牆，躲在裡面，拒絕關心與問候，而是要你學會和內心的另一個自我相處。這樣，你就能成長爲獨立的一棵大樹，而不是纏繞在別人身上依賴別人營養的藤蔓。大樹的枝椏可以在空中恣意搖曳、伸展，沒有固定的姿態，卻有一種從容，一種得心應手的自信。

哲學家尼采在《查拉圖斯特拉如是說》中說：「你在內心深處很清楚即使你身在人群之中，你也是跟一群陌生人在一起。對你自己來說你也是個陌生人。」如果你和自己都是陌生人，即使朋友遍天下，也只是熱鬧而已，他的內心仍然是孤獨的。

身邊多一些朋友，也許可以讓你遠離形單影隻，卻難以消除你內心的孤獨感。就像金錢可以幫你打發空虛，卻無力填充你的孤獨。「我們要把孤獨感看作是心靈深處盛開的罌粟，讓你和自己的靈魂對飲。如果你懂得愛自己、善待自己，別人就容易看到你的魅力，會稱讚你，你會從這些讚揚中得到更多的自信，你也就會活得越發光彩，永遠保持對生活的熱情，這是個良性循環。」

6 莫將身病為心病

工作累不死人，憂慮卻可以。工作是健康的，很少會真正超過人的負荷，憂慮卻像刀鋒上的鐵銹。使機器折損的並非旋轉，而是磨擦。——德光禪師

「莫將身病爲心病」，這是明代思想家王陽明的名言。意思不言自明：心理負擔過重、心累對身體康健毫無益處。人們常說：「肩上百斤不算重，心頭四兩重千斤。」情緒對健康的影響是極大的，「萬病心中生」。

我們常常會有這樣的體會，當我們處於良好的心理狀態時，自己所做的事也會感到輕鬆不少，大大地提高體力和腦力勞動的效率；而消極的情緒，如憤怒、怨恨、焦慮、抑鬱、恐懼、痛苦等，不僅讓人無心做事，如果強度過大或持續過久，還可能導致神經活動機能失調。

一個叫貝特麗絲•伯恩斯坦的老太太，她已經七十多歲了，曾兩次寡居，但她仍然盡情地享受著生活——探望兒孫，讀書，旅行，義務演出，過著快樂的一生。

「我已經過了生命的巔峰，但仍然享受下坡時的快樂，做了快九年的寡婦，我為自己創造了一個充實且愉快的生活。我在亞利桑那州立大學一起修課的同學，在我第二任丈夫被診斷為結腸癌時，成為我的支持團體。」

「借助青年旅行的計畫，我和同齡人一起環遊世界，他們和我有同樣的嗜好，也需要夥伴。自退休後，我所進行的最有價值的計畫，就是參加『聖約之子』——為以色列『活躍退休者』所舉辦的為期三個月的節約活動。

活動中，我在內坦亞的東正教看護中心擔任祖母的角色，要照顧從十八個月到三歲的小孩子。沒錯，有時工作很煩很累，但是能提供服務，付出愛以及得到愛，這為我帶來一種就像照顧自己親生孩子般的快感。」

在伯恩斯坦太太七十歲生日時，滿屋的親朋好友共同舉杯祝福她：「祝您活到一百二十歲！」

伯恩斯坦太太的笑綻開了額頭的皺紋：「我也許剛好可以活到那麼老，就剩下四十四歲了。」

人生在世，有數不清的幸福和快樂，亦有許多憂愁和煩惱。健康與快樂爲伴，而憂愁卻往往會帶來疾病。情緒樂觀開朗，可使人內臟功能正常運轉，增強對外來病邪的抵抗能力。

古人的養生之道，在於寧心養神。《素問•上古天真論》記載：「恬淡虛無，真氣從之，精神內守，病從安來。」這就是說，心情平靜，不動雜念，疾病便無從發生；這就表明，做到心情舒暢，安然自得，便會延年益壽。

弘一法師曾說：「寫字要專心致志，全神貫注，這樣能起到靜心養性的作用。中國文字有三美：意美以感心、音美以感耳、形美以感目。練習書法時，觀摩碑帖、揣其神韻，可以培養審美趣味和審美思想，同時能得到藝術享受，陶冶性情，靜心養性。心中狂喜之時，寫字可以使人頭腦冷靜下來；心中鬱悒，寫字可以使人忘掉憂愁。我以爲延年益壽，這算妙方。」

在古代，書畫家卻大都是壽星。唐初「四大書家」的歐陽洵活到八十五歲，以「夫子廟碑」傳世的虞世南八十六歲，寫「玄秘塔」的柳公權八十八歲，等等；近代書法家及畫家長壽者更多，如張大千八十七歲，齊白石九十七歲等。

三國時的嵇康認爲：養生之道，惟重在養神。何喬潘在《心術篇》中說：「書者，抒也，散也。抒胸中之氣，散心中鬱也。故書家每得以無疾而壽。」唐代詩人韓愈在形容書法家張旭作書時說道：「喜怒、窘窮、憂悲、愉快、怨恨、思慕、酣醉、無聊、不平，凡有動於心，必以草書發之。」

養生貴在養心，保持愉悅的心情是養生的最高境界。不良心境如同毒草，長期處於其中，無疑會使機體抵禦疾病的能力下降，破壞自身的身心健康。因此，無論你處於人生的順境還是逆境，不妨就常做一下「健心操」，學會駕馭心境，將煩悶、孤寂、依賴、內疚等等統統趕走。這樣，同樣的事物，就會從「無可奈何花落去」變作

「人閒桂花落」、「鳥鳴山更幽」。

7 一念放下，萬般自在

所謂的「放下」，即是把什麼事都化為沒有的力量。——《佛說生經》

佛語中講到，修煉的人在修行中如果不能放下七情六欲，也無法修煉到博大精深的境界。只有懂得放下，才能體會到佛家箴言。

當釋迦牟尼還在人世的時候，有一位叫作婆羅門的來到他面前。這個婆羅門運用自己的神通，兩隻手各拿了一個大花瓶，前來獻佛。佛陀大聲地對婆羅門說：「放下！」婆羅門於是聽從指教，將左手拿的那個花瓶放在地上。

佛陀又說：「放下！」婆羅門又聽從指教，將右手拿的那個花瓶也放到了地上。

然後，佛陀還是跟他說：「放下！」

這時婆羅門無奈地回答：「我已經兩手空空，沒有什麼可以再放下了，為何你還要我放下？」

佛陀聽了他的話，然後對他講：「我的本意並不是讓你放下手中的花瓶，而是讓你放下六根、六塵和六識。只有當你將這些都放下時，才能從生死輪迴中解脫出來。」

沒有多餘的東西，就減少了負擔，就會輕鬆自在。隨遇而安就能自得其樂，能放下多餘的不需要的東西，就是解脫。人其實不需要複雜的思想，只要具備這項簡單的智慧，簡單才能快樂。簡單思想，簡單生活，人生道路就遠離了痛苦與憂傷。

有一座廟裡住著一個老和尚和一個小和尚。小和尚對師父說：「如果買一匹馬，您就不用整天這麼勞累奔波了，可以輕鬆很多。」

老和尚認為徒兒說得對，他如願以償買到了馬，中午正想美美地睡個午覺。突然，小和尚跑了進來，說道：「師父，我們忘了一件事，馬兒在哪住呢？我們應該給馬兒建個馬棚。」

老和尚認為徒兒說得很有道理，於是老和尚決定馬上就給馬兒建個馬棚。

馬棚終於建好了，老和尚累了一天，正想躺下好好休息一下，小和尚又跑到跟前，說道：「師父，馬棚雖然建好了，但是你整天忙於化緣，而我又要學禪，平時誰來養馬呀！我們還少個養馬的。」

老和尚又認為徒兒說得很有道理，於是老和尚決定聘請一個廚師兼保姆。吃完早飯，老和尚正準備外出講經，小和尚跑到跟前說道：「師父，廚師已經請來了。不過，她說廟裡沒有廚房，讓我們趕緊造一間，她還說，她年老體衰，又不會算帳，讓我們再請一個夥計，幫她買菜，打個下手。」

突然間，老和尚悟出了什麼，想道：「以前的日子多簡單、多輕鬆啊。」他對小和尚說：「這匹馬只會讓我覺得更累，趕快賣了牠！」

有時候，我們認爲我們需要某些東西，千辛萬苦地終於得到了，卻發現這件東西並不能給我們的生活帶來輕鬆和愉快，相反地卻給我們帶來更多的負擔，讓我身心疲憊。與其爲其所累，還不如痛下決心，果斷擺脫它。

即使擁有整個世界，一天也只能吃三餐，一次也只能睡一張床。世界上美好的東西實在數不過來，我們總是希望得到盡可能多的東西。其實得到太多，反而會成爲負擔。還有什麼比擁有淡泊的心胸，更能讓自己充實滿足的呢？欲望越小，人生就越幸福。

有位中年人覺得自己的日子過得非常沉重，生活壓力太大，想尋求解脫的方法，因此去向一位禪師求教。

禪師給他一個簍子，要他背在肩上，指著前方一條坎坷的石路說：「當你向前走一步，就彎下腰來，撿一顆石子放到簍子裡，然後看看會有什麼感受。」中年人照著禪師的指示去做，等他背上的簍子裝滿石頭後，禪師問他：「你一路走來有什麼感受？」

中年人回答說：「感到越走越沉重。」

禪師說：「每一個人來到這個世上時，都背負著一個空簍子。我們每往前走一步，就會從這個世界上撿一樣東西放進去，因此才會有越來越累的感慨。」

中年人又問：「有什麼方法可以減輕負重呢？」

禪師反問他：「你是否願意將名聲、財富、虛榮、權力等拿出來捨棄呢？」

那人答不出來。

禪師又說：「每個人的簍子裡所裝的，都是自己從這個世上尋來的東西，但是你拾得太多，如果不能放掉一些，你的生命將承受不起，現在知道應丟下什麼和留下什麼了嗎？」

中年人反問禪師：「這一路上，您又丟下了什麼？留下了什麼呢？」

禪師大笑：「丟下身外之物，留下心靈之物。」

人在世上，無時無刻不受到外界的誘惑，一旦有了功名，就會對功名放不下；有了金錢，就會對金錢放不下；有了愛情，就會對愛情放不下；有了事業，就會對事業放不下……當得到的東西太多了，超過生命的承載力，多餘的東西就成爲人生的負擔。

當你放下一些多餘的、不需要的東西的時候，就如脫鉤的魚，出岫的雲，忘機的鳥，心無掛礙，來去自如，表裡澄澈。

「風來疏竹，風過而竹不留聲；雁渡寒潭，雁去而潭不留影」，才會發現生命竟可以如此充實、如此美好，日日是好日，步步起清風。放下，是一種境界，更是一種精神。但，也需要勇氣和智慧。

8 學習如何原諒自己

如果你不去對治你的心，反而一味地盲從它的情緒，你這樣修行是不正確的。你必須從各種恐懼和憂慮中解脫，得到心靈的自由。當我們擺脫幻想的心相時，也是恐懼離開的時候。不要作繭自縛，停止成為消極情緒之犧牲者。——延參大師

總是對生活不滿和抱怨的人，大都因為不能接納自己。常言說得好，人生不如意十之八九，人生道路怎可能一帆風順？生活中總會有酸甜苦辣、喜怒哀傷，尤其是現代的生活，壓力空前巨大，處處可以聽到牢騷和痛罵的聲音，彷彿對這樣的生活充滿

了仇恨，恨不能飛到外星球，與這樣的生活一刀兩斷。

可是，這樣排斥生活只能讓我們更痛苦，同時，也讓我們對自己越來越不滿意，「爲什麼我處處不如別人？」這是很多人的心聲。是啊，我們可能沒有一個好爸爸，沒有高學歷，沒有錢，沒有漂亮的臉蛋，沒有聰明的大腦，沒有好工作，沒有好運氣，沒有房子，沒有對象……當我們不能肯定自己，只用權勢、虛榮、佔有來肯定自己時，就會顯得非常脆弱，非常容易被蒙蔽，非常容易在這個物欲橫流的世界迷失自己。

月有陰晴圓缺，人有旦夕禍福，生活往往無常。面對生活中的財富，可以去盡情享受，開闊眼界，陶冶性情，飽覽世界風情，過上充實的生活。實際上，很多在文學上有成就的人出身富貴，因爲他們從小有條件飽讀詩書，長大後周遊世界，也可以盡情揮灑自己的才能。

可是我們大部分人沒有這樣的條件，我們的生活困窘，不能去享受富足的生活。但是這並不意味著我們的生活就很糟糕，我們同樣有追求幸福生活的權力。當我們感到生活的貧乏時，要學會去探尋生活的藝術，也要學會思考，不要把思維局限在一個框框裡，這樣我們就會發現，生活其實很動人，只是我們被偏見蒙蔽了眼睛。

《莊子》裡有一段動人的故事。

子祀和子輿是一對非常要好的好朋友。

有一天，子輿突發疾病，作為好朋友，子祀前去探望。

兩人見面交談時，子輿站在鏡子面前，調侃自己說：「神奇的造物主啊！竟讓我變成駝背！背上還生了五個瘡，因為過於傴僂，我的面頰快低伏到肚臍上了。兩肩也高高地隆起，比頭頂還高，你看，我的脖頸骨竟朝天突起！」

子輿是因為感染了陰陽不調的邪氣，所以才變成上面他所說的那副怪模樣。但是子輿沒有指天罵地，還頗為自得地一步步走到井邊，從井裡看自己現在的這副樣子，又開自己的玩笑說：「哎喲！偉大的造物主又要把我變成這滑稽的模樣呢！」

子祀有些擔心，就問：「你是不是厭惡這種病？」

子輿說：「不，我不厭惡，我為什麼要厭惡這種病？如果我的左臂變成一隻雞，那我便用它報曉；如果我的右臂變成彈弓，那我便用它去打斑鳩烤野味吃；如果我的尾椎骨變成車，那我就把它變成馬，這樣我就四處遨遊，無需另備馬車了。得是時機，失是順應，如果人能安於時機並能順應變化，那無論是喜是悲都不能侵犯心神，這就是所謂的『解脫』。如果人不能自我解脫，就會被外物所奴役束縛。物不能勝天，這是事實，當我不能改變它時，我為什麼不接納它呢？」

這則故事，真是道盡了生活的智慧。人必須接納生活，「安於時機並能順應變化」，才能好好地生活，才能讓心神不受侵犯。看看子輿的態度，對自己醜陋的外表非但沒有怨天尤人，反而幽默起來，調侃自己，甚至對自己欣賞起來。所以說，人唯有接納生活，接納自己，感情和理智才不矛盾，才不會造成煩惱。

接納自己不是劃地自限，而是認清自己。每個人都有優點和缺點，有其特有的能力、經驗和機遇，只有能接納自己，生活才可能變得朝氣蓬勃，只有接納才有喜悅，才知道痛下針砭。否則，就等於是在否定生活，否定自己，那樣很容易迷失自己，會在生活上感到空虛和無奈。

在現實生活中，不管遇到什麼挫折都要接納自己，當你遇到生活的不如意時，多想想自己的優點。一個懂得接納生活、接納自己的人，會把握住自己的做人準則，以自己的言行塑造自己的人生。

在一個小鎮上，有一個退伍軍人，他少了一條腿，只能拄著一根拐杖走路。一天，他一跛一跛地走過鎮上的馬路，過往的人都帶著同情的語氣說：「你看這個可憐的傢伙，難道他要向上帝祈求再有一條腿嗎？」

退伍軍人聽到了人們的竊竊私語，他便轉過身對他們說：「我不是要向上帝祈求再有一條腿，而是要祈求上帝幫助我，讓我在失去一條腿後，也知道該如何把日子過下去。」

人生最大的痛苦莫過於跟自己過不去，一個人生活得幸福與否，完全取決於自己對待生活的態度。當你不能接納生活、接納自己時，你就會感覺生活就是無邊的苦海，人生就是煎熬。相反，如果你能保持良好的心態，接納現實的生活和自己，你就會發現生活中的每一天都充滿了陽光！

正如印度的哲學家奧修所說：「學習如何原諒自己。不要太無情，不要反對自己。那麼你會像一朵花，在開放的過程中，將吸引別的花朵。」

9 生命短促，莫為小事煩心

不要讓自己因為一些應該丟開和忘記的小事煩心。回顧自己的一生，你將發現自己很少會因為做了某事而感到遺憾。恰恰相反，正是那些你所沒有做的事情才會使你耿耿於懷。——慧律法師

人常常被困在有名和無名的憂煩之中，它一旦出現，人生的歡樂便不翼而飛，生活中彷彿再沒有了晴朗的天，真是吃飯不香，喝酒沒味，幹工作沒勁，幹事業沒心……這一切，只因爲我們陷入了多餘的憂煩之中。

有一條大家都知道的法律上的名言：「法律不會去管那些小事情。」一個人有時

偏偏爲這些小事憂慮，始終得不到平靜。

荷馬·克羅伊是個作家。以前他寫作的時候，常常被紐約公寓熱水燈的響聲吵得快發瘋。蒸氣會砰然作響，然後又是一陣嗶嗶的聲音，而他會坐在他的書桌前氣得直叫。

後來，荷馬說：「有一次我和幾個朋友一起出去宿營，當我聽到木柴燒得很響時，我突然想到：這些聲音多像熱水燈的響聲，為什麼我會喜歡這個聲音，而討厭那個聲音呢？我回到家以後，跟自己說：『火堆裡木頭的爆烈聲，是一種很好的聲音，熱水燈的聲音也差不多，我該埋頭大睡，不去理會這些噪音。』結果，我果然做到了：頭幾天我還會注意熱水燈的聲音，可是不久我就把它們整個地忘了。」

很多其他的小憂慮也是一樣，我們不喜歡某些東西，結果弄得整個人很頹喪。只不過因爲我們都誇張了那些小事的重要性……

迪斯累利說過：「生命太短促了，不能再只顧小事。」類似的這些話，安德列·摩瑞斯在《本周》雜誌裡也說過：「這個體悟曾經幫我挨過很多痛苦的經驗。我們常常讓自己因爲一些小事情、一些應該不屑一顧和忘了的小事情弄得非常心煩……我們活在這個世上只有短短的幾十年，而我們浪費了很多不可能再補回來的時間，去憂愁一些在一年內就會被所有人忘了的小事。不要這樣，讓我們把我們的生活只用在值得做的行動和感覺上，去運用偉大的思維，去經歷真正的感情，去做必須做的事情。因爲生命太短促了，不該再顧及那些小事。」

就像吉布林這樣有名的人，有時候也會忘了「生命是這樣的短促，不能再顧及小事」。結果呢？他和他的舅爺打了維爾蒙有史以來最有名的一場官司——這場官司打得有聲有色，後來還有一本專書記載著，書的名字是《吉布林在維爾蒙的領地》。

故事的經過情形是這樣子的：

吉布林娶了一個維爾蒙地方的女孩子凱洛琳・巴里斯特，在維爾蒙的布拉陀布羅造了一間很漂亮的房子，在那裡定居下來，準備度過他的餘生。他的小舅子比提・巴里斯特成了吉布林最好的朋友，他們兩個在一起工作，在一起遊戲。

然後，吉布林從巴里斯特手裡買了點地，事先說好巴里斯特可以每一季在那塊地上割草。

有一天，巴里斯特發現吉布林在那片草地上開了一個花園，他生起氣來，暴跳如雷，吉布林也反唇相譏，弄得維爾蒙綠山上的天都變黑了。

幾天後，吉布林騎著他的腳踏車出去玩的時候，他的小舅子突然駕著一輛馬車從路的那邊轉了過來，逼得吉布林跌下了車子。而吉布林這個曾經寫過「眾人皆醉，你應獨醒」的人也昏了頭，告到官那裡去，把巴里斯特抓了起來。

接下去是一場很熱鬧的官司，大城市裡的記者都擠到這個小鎮上，新聞傳遍了全世界。事情沒辦法解決。這次爭吵使得吉布林和他的妻子永遠離開了他們在美國的家，這一切的憂慮和爭吵，只不過為了一件很小的小事：一車乾草。

在科羅拉多州長山的山坡上，躺著一棵大樹的殘軀。它有四百多年的歷史。初發芽的時候，哥倫布剛在美洲登陸；第一批移民到美國來的時候，它才長了一半大。在它漫長的生命裡，曾經被閃電擊過十四次；四百多年來，無數的狂風暴雨侵襲過它，它都能戰勝它們。但是在最後，一小隊甲蟲攻擊這棵樹，使它倒在地上。那些甲蟲從根部往裡面咬，漸漸傷了樹的元氣。雖然它們很小，但持續不斷地攻擊。這樣一個森林裡的巨人，歲月不曾使它枯萎，閃電不曾將它擊倒，狂風暴雨沒有傷著它，卻因一小隊可以用大拇指跟食指就捏死的小甲蟲而最終倒了下來。

我們豈不都像森林中的那棵身經百戰的大樹嗎？我們也經歷過生命中無數狂風暴雨和閃電的打擊，但都撐過來了。可是我們的心卻會被憂慮的小甲蟲咬噬——那些用大拇指跟食指就可以捏死的小甲蟲。

要想解除憂慮與煩惱，記住規則：「不要讓自己因爲一些小事煩心。」

左　手　國　學　，　右　手　商　道

細細體會

南懷瑾大師的一言一語

南懷瑾大師的十六堂課

文/張笑恒
定價280元

一本拂拭心靈塵埃的智慧讀本
一冊助你修身立命的塵世經書

十六堂佛學課，十六堂生活禪，十六堂智慧心……為你提供人生的指引，獲得逾越障礙的技巧，掌握擺脫煩惱的智慧。學習南懷瑾的十六堂佛學課，聆聽來自佛門淨土的般若智慧，教你在一呼一吸之間領略人生的真諦。

南懷瑾大師的實用智慧

文/林宏偉
定價280元

三千年中國商業精髓娓娓道來
一本凝聚南懷瑾商業智慧大書

「上下五千年，縱橫十萬里，經綸三大教，出入百家言。」這是學界對南懷瑾的一種敬仰。本書以南懷瑾宣導建設金溫鐵路為案例，結合他面向商界的演講，推薦的圖書和人物介紹，以及海內外商界精英的南懷瑾情結，全面詳盡地講述南懷瑾非同一般的東方商業智慧。

南懷瑾大師的人生新論

文/張笑恒
定價280元

簡單過生活！活得自在的人生新論

人生的最高境界是什麼？南懷瑾大師說：人生的最高境界是佛為心、道為骨、儒為表，大度看世界；技在手、能在身、思在腦，從容過生活。翻譯為世俗話語，就是：「簡單過生活」。大師從來不將簡單的事情複雜化，相反，還很喜歡把複雜的事情簡單化。

南懷瑾以自己獨特的語言對傳統文化進行了闡述，為處於劇變時代的人們提供一種人生哲學，一種既出世又入世、既超越又世俗的價值觀。

南懷瑾：一代大師未遠行

文/周瑞金、張耀偉
定價240元

解讀大師智慧．開啟生命密碼

本書彙集南懷瑾的友人家人、學生弟子結緣南師、追隨南師的感懷文章，也收集了一些專家學者研究傳統文化、研究南懷瑾思想的學術文章，從中可以多角度地解讀南懷瑾作為一代宗師的品格、情懷、境界、思想、智慧，讓更多的人能藉此走近大師，認識大師，瞭解大師。

南懷瑾大師的人生學堂

文/張笑恒
定價280元

聆聽國學大師的精言妙語
感悟中華文化的博大精深

本書立足於南懷瑾先生對諸多國學典籍的講解和梳理，結合古今中外的諸多例證，加上筆者自身感悟，從多個角度闡述人生的哲理與智慧。相信讀者在南懷瑾先生國學思想的引導下，能夠走好自己的生活道路，從而擁有更加美好的未來。

南懷瑾大師的智慧學堂

文/張笑恒
定價280元

一本受益終生的智慧寶典
最通俗最實用的思想盛宴

南懷瑾先生曾說：「人生有三個基本錯誤不能犯，一是德薄而位尊，二是智小而謀大，三是力小而任重。」

無論是做人的準則，還是為人的心態；不管是交友的態度，還是說話的技巧，我們都可以從南懷瑾先生的人生中找到先哲對這些問題的主張和看法。他把老子、莊子、孔子的智慧，以通俗的方式娓娓道來，趣味橫生。書中一一梳理南懷瑾先生的語錄，從這些語錄深刻剖析南懷瑾的人生智慧以及做人的態度，在閱讀中領略生活藝術，通曉生存之道。

隨緣不是沒有原則

作者： 羅金
發行人：陳曉林
出版所：風雲時代出版股份有限公司
地址：10576台北市民生東路五段178號7樓之3
電話：(02) 2756-0949
傳真：(02) 2765-3799
執行主編：朱墨菲
美術設計：吳宗潔
行銷企劃：林安莉
業務總監：張瑋鳳

初版日期：2018年6月
版權授權：馬鐵
ISBN ：978-986-352-589-9

風雲書網：http://www.eastbooks.com.tw
官方部落格：http://eastbooks.pixnet.net/blog
Facebook：http://www.facebook.com/h7560949
E-mail：h7560949@ms15.hinet.net
劃撥帳號：12043291
戶名：風雲時代出版股份有限公司

風雲發行所：33373桃園市龜山區公西村2鄰復興街304巷96號
電話：(03) 318-1378
傳真：(03) 318-1378
法律顧問：永然法律事務所 李永然律師
北辰著作權事務所 蕭雄淋律師

行政院新聞局局版台業字第3595號 營利事業統一編號22759935

定價 ：280元

國家圖書館出版品預行編目資料

隨緣不是沒有原則 / 羅金 著. -- 初版. -- 臺北市：
風雲時代，2018.04- 面；公分

ISBN 978-986-352-589-9（平裝）

1.修身 2.生活指導

192.1 107004193